JN026246

図解 令和4年度

賃上げ促進税制
の活用ポイント

税理士 **安井 和彦** 著

ぎょうせい

はしがき

　筆者が所得拡大促進税制と付き合い始めたのは平成26年のことです。租税特別措置法の制度とはいえ、随分と分かりにくい制度であるというのが、最初の印象でした。

　この制度は、その後、毎年のように改正を繰り返し、用語が一つ一つ定義され、その用語を用いて条文が構成されているのが特徴であるように思います。

　用語が一つ一つ定義され、その用語を用いて条文が構成されているということは、個々の用語の意味を正確に理解しないと、条文を読んでみても、その意味するところを理解することができないということです。

　この点が難解な制度であると言われる理由であると思われます。

　本書では、この点に配慮して、個々の用語の意味を極力正確に書くことに努め、また、個々の用語が意味する金額についても、ある場合には雇用安定助成金額を控除しなかったり、ある場合には雇用安定助成金額を控除したりするので、それぞれの場所で正確に処理ができるように配意しました。

　また、個々の用語についても、それらの関係が分かるように、図を用いて、より分かりやすくなるような工夫をしています。

　加えて、計算の流れが一覧できるように、個々の計算の流れをフローチャートで示したので、これによって制度適用の全体の流れがより分かりやすくなっているように思います。

　租税特別措置法42条の12の5の1項の場合（いわゆる大企業向けの制度）も2項の場合（いわゆる中小企業向けの制度）も、税額控除のもとになる控除対象雇用者給与等支給増加額は、「措置法42条

の12の規定による控除を受ける金額の計算の基礎となった者に対する給与等の支給額として政令で定めるところにより計算した金額」を控除した後の金額とされますが、ここでいう「政令で定めるところにより計算した金額」についてもなるべく詳しく解説しました。

この制度は、確定申告書等に記載した金額を限度とする税額控除の制度で、確定申告書等に記載をしない場合には、更正の請求や修正申告で適用することはできないので、税理士が損害賠償責任を負ったという事例も少なからずあるようです。

法人税の申告事務に携わる実務家が一人でも多くこの制度を的確に適用し、この制度の本来の目的である「個人所得の拡大、所得水準の改善を通じた消費喚起による経済成長」の担い手となることに、本書が役立つことを願っています。

令和4年7月

安井　和彦

目　　次

1　本文中のかっこ内等の主な法令等の引用は次の例によった。

租税特別措置法　　→　措法

租税特別措置法施行令　　→　措令

租税特別措置法施行規則　　→　措規

租税特別措置基本通達　　→　措通

2　また、かっこ内の条項等は次の例によった。

例　租税特別措置法42条の12の5第3項4号

→　措法42の12の5③四

第1章

賃上げ促進税制のこれまでの変遷

1　所得拡大促進税制として平成25年にスタート

　賃上げ促進税制は、当初は「所得拡大促進税制」としてスタートし、個人所得の拡大を図り、所得水準の改善を通じた消費喚起による経済成長を達成するため、企業の労働分配（給与等の支給）の増加を促す措置として給与等支給額等を増加させた場合におけるその増加額の一定割合の税額控除を可能とする制度でした。

　「国内雇用者」に対して給与等を支給し、一定の要件を満たした場合に、「雇用者給与等支給額」や「比較雇用者給与等支給額」を基準に一定割合の税額控除ができるというものです。

　この制度は、当初は、平成25年4月1日以降に開始する事業年度について適用されることとされ、適用期間は、平成28年3月31日まででした。

2　平成26～30年度改正

　平成26年度の税制改正において、平成30年3月31日まで適用期間が延長され、平成26年4月1日以降に終了する事業年度については、その適用要件が緩和されました。

　平成27年度の税制改正において、さらに、適用要件が緩和されました。

　平成28年度の税制改正において、それまで認められていなかった雇用促進税制との併用が認められるようになりました。

　平成29年度の税制改正において、それまでは税額控除の金額が雇用者給与等支給増加額を基準に算出されていたものが、雇用者給与等支給額と比較雇用者給与等支給額も加味して算出するように改正になりました。

　平成30年度の税制改正において、適用要件として、給与等の支

給額のほかに、「国内設備投資額」や「教育訓練費」等の金額が加わりました。

3　令和3年度改正

令和3年度の税制改正で、コロナウイルス感染症による雇用の急激な減少に対する対応策として仕組みが大きく変わり、大企業については新規雇用者給与等支給額、新規雇用者比較給与等支給額を基準とする制度に改正されました。

4　令和4年度改正

そして今般の令和4年度の税制改正においては、新規雇用者給与等支給額、新規雇用者比較給与等支給額を基準とする制度は廃止され、大企業については、継続雇用者給与等支給額、継続雇用者比較給与等支給額を基準とする制度に変更になりました。

また、資本金・出資金の額が10億円以上であり、かつ、常時使用する従業員の数が1,000人以上である場合には、給与等の支給額の引上げの方針等の一定の事項を公表しているという要件が新たに設けられました。

次章以降では、令和4年度改正を踏まえた制度の内容を政省令も踏まえ、図解により解説していきます。

第2章
賃上げ促進税制の概要

1　賃上げ促進税制とは

　賃上げ促進税制とは、青色申告書を提出する法人が、令和4年4月1日から令和6年3月31日までの間に開始する各事業年度において、国内雇用者に対して給与等を支給し、所定の要件を満たした場合に、所定の税額控除ができる制度です。

　この制度の適用を受けるために、法人税の申告前に行うべき手続はありませんが、法人税の申告の際に、確定申告書に、税額控除の対象になる控除対象雇用者給与等支給増加額等、控除を受ける金額及びその金額の計算に関する明細書を添付する必要があります。

2　大企業向け

　青色申告書を提出する法人であれば足り、外国法人、公益法人等及び人格のない社団等も適用対象となります（措法42の12の5①）。

〔要件〕

継続雇用者給与等支給増加割合が3％以上であること

継続雇用者給与等支給増加割合 ≧ 3％

（令和3年度改正前）

1	雇用者給与等支給額が比較雇用者給与等支給額を超えること 雇用者給与等支給額　＞　比較雇用者給与等支給額
2	継続雇用者給与等支給額から継続雇用者比較給与等支給額を控除した金額の継続雇用者比較給与等支給額に対する割合が3％以上であること $$\frac{継続雇用者給与等支給額 - 継続雇用者比較給与等支給額}{継続雇用者比較給与等支給額} ≧ 3％$$

| 3 | 法人の国内設備投資額が当期償却費総額の 95％に相当する金額以上であること

　国内設備投資額　≧　当期償却費総額の95％相当額 |

（令和４年度改正前）

| 新規雇用者給与等支給額から新規雇用者比較給与等支給額を控除した金額の当該新規雇用者比較給与等支給額に対する割合が２％以上であること

$$\frac{新規雇用者給与等支給額 - 新規雇用者比較給与等支給額}{新規雇用者比較給与等支給額} ≧ 2\%$$ |

（令和４年度改正後）

継続雇用者給与等支給増加割合≧３％
法人の資本金の額又は出資金の額が10億円以上であり、かつ、常時使用する従業員の数が1,000 人以上である場合に加重される要件 ⇒　給与等の支給額の引上げの方針、下請中小企業振興法２条４項に規定する下請事業者その他の取引先との適切な関係の構築の方針その他の政令で定める事項を公表している場合として政令で定める場合に該当すること。

※　下請中小企業振興法２条４項

　　この法律において「下請事業者」とは、中小企業者のうち、法人にあっては資本金の額若しくは出資の総額が自己より大きい法人又は常時使用する従業員の数が自己より大きい個人から委託を受けて第２項各号のいずれかに掲げる行為を業として行うもの、個人にあっては常時使用する従業員の数が自己より大きい法人又は個人から委託を受けて同項各号のいずれかに掲げる行為を業として行うものをいう。

※　下請中小企業振興法2条2項

　　この法律において「親事業者」とは、法人にあっては資本金の額若しくは出資の総額が自己より小さい法人たる中小企業者又は常時使用する従業員の数が自己より小さい個人たる中小企業者に対し次の各号のいずれかに掲げる行為を委託することを業として行うもの、個人にあっては常時使用する従業員の数が自己より小さい中小企業者に対し次の各号のいずれかに掲げる行為を委託することを業として行うものをいう。

1号　その者が業として行う販売若しくは業として請け負う製造（加工を含む。以下同じ。）の目的物たる物品若しくはその半製品、部品、附属品若しくは原材料若しくは業として行う物品の修理に必要な部品若しくは原材料の製造又はその者が業として使用し若しくは消費する物品若しくはその半製品、部品、附属品若しくは原材料の製造

2号　その者が業として行う販売又は業として請け負う製造の目的物たる物品又はその半製品、部品、附属品若しくは原材料の製造のための設備又はこれに類する器具の製造（前号に掲げるものを除く。）又は修理

3号　その者が業として請け負う物品の修理の行為の全部若しくは一部又はその者がその使用する物品の修理を業として行う場合におけるその修理の行為の一部（前号に掲げるものを除く。）

4号　その者が業として行う提供若しくは業として請け負う作成の目的たる情報成果物の作成の行為の全部若しくは一部又はその者が業として使用する情報成果物の作成の行為の全部若しくは一部

5号　その者が業として行う提供の目的たる役務を構成する行

8

　　為の全部又は一部

※　その他の政令で定める事項

　　措置法施行令27条の12の5第1項は、措置法42条の12の5第1項に規定する政令で定める事項は、同条3項3号に規定する給与等の支給額の引上げの方針、同条1項に規定する下請事業者その他の取引先との適切な関係の構築の方針その他の事業上の関係者との関係の構築の方針に関する事項として、厚生労働大臣、経済産業大臣及び国土交通大臣が定める事項とすると規定しています。

　　措置法施行令27条の12の5第26項は、厚生労働大臣、経済産業大臣及び国土交通大臣は、第1項の規定により事項を定めたときは、これを告示すると規定しています。

※　政令で定める場合

　　措置法施行令27条の12の5第2項は、措置法42条の12の5第1項に規定する政令で定める場合は、同項の規定の適用を受ける事業年度の確定申告書等に、経済産業大臣がインターネットを利用する方法により前項に規定する事項を公表していることについて届出があった旨を証する書類の写しの添付がある場合とすると規定しています。

(1) 税額控除の金額（税額控除限度額）

　控除対象雇用者給与等支給増加額の15％相当額を、調整前法人税額（措置法42条の4第19項2号に規定する調整前法人税額いう。）から控除します。

(2) 税額控除の割合が増加する場合

　次に掲げる要件を満たす場合には、税額控除の割合15％は、15％に次に掲げる割合を加算した割合になります。

　次の要件の全てを満たす場合には、次に定める割合を合計した割合を加算することになります。

① 継続雇用者給与等支給増加割合が４％以上であること……10％
② 所得の金額の計算上損金の額に算入される教育訓練費の額（その教育訓練費に充てるため他の者（その法人が外国法人である場合の法人税法138条１項１号に規定する本店等を含む。）から支払を受ける金額がある場合には、当該金額を控除した金額。）からその比較教育訓練費の額を控除した金額の比較教育訓練費の額に対する割合が20％以上であること……５％

$$\frac{教育訓練費 \ - \ 比較教育訓練費}{比較教育訓練費} \geqq 20\%$$

①も②も満たさない場合	15％
①の要件のみ満たす場合	25％（10％加算）
②の要件のみ満たす場合	20％（５％加算）
①と②を満たす場合	30％（15％加算）

※ 措置法施行令27条の12の５第25項は、措置法42条の12の５第１項又は２項の規定の適用を受けようとする法人のその適用を受けようとする事業年度に係る同条３項８号に規定する比較教育訓練費の金額が零である場合における同条１項又は２項の規定の適用については、次の各号に掲げる場合の区分に応じ当該各号に定めるところによると規定しています。

　1号　当該事業年度に係る教育訓練費の額が零である場合
　　　　措置法42条の12の５第１項２号及び２項２号に掲げる

要件を満たさないものとする。

2号　前号に掲げる場合以外の場合

　　措置法 42 条の 12 の 5 第 1 項 2 号及び 2 項 2 号に掲げる
要件を満たすものとする。

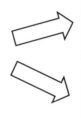

比較教育訓練費＝0	→	教育訓練費＝0 の場合はこの要件を満たさないものとされる
	→	教育訓練費＞0 の場合はこの要件を満たすものとされる

（改正前の加重要件）

$$\frac{教育訓練費 \ - \ 比較教育訓練費}{比較教育訓練費} \geqq 20\%$$

（改正後の加重要件）

1	継続雇用者給与等支給増加割合が 4 ％以上であること
	$$継続雇用者給与等支給増加割合 \ \geqq \ 4\%$$
2	所得の金額の計算上損金の額に算入される教育訓練費の額（その教育訓練費に充てるため他の者（その法人が外国法人である場合の法人税法 138 条 1 項 1 号に規定する本店等を含む。）から支払を受ける金額がある場合には、当該金額を控除した金額。）からその比較教育訓練費の額を控除した金額の比較教育訓練費の額に対する割合が 20％以上であること
	$$\frac{教育訓練費 \ - \ 比較教育訓練費}{比較教育訓練費} \geqq 20\%$$

(3) 措置法42条の12の規定の適用を受ける場合

　措置法42条の12の規定の適用を受ける場合には、15％等の税額控除の割合を乗ずる「控除対象雇用者給与等支給増加額」は、「控除対象雇用者給与等支給増加額から措置法42条の12の規定による控除を受ける金額の計算の基礎となった者に対する給与等の支給額として政令（措令27の12の5③）で定めるところにより計算した金額を控除した残額」となります。

(4) 税額控除の金額の限度額

　税額控除限度額が、調整前法人税額の20％に相当する金額を超えるときは、その控除を受ける金額は、当該20％に相当する金額となります。

3　中小企業向け（2と選択適用）（措法42の12の5②）

(1) 適用要件

　雇用者給与等支給額から比較雇用者給与等支給額を控除した金額の比較雇用者給与等支給額に対する割合（雇用者給与等支給増加割合）が1.5％以上であること

　　雇用者給与等支給増加割合　≧　1.5％

* 　措置法施行令27条の12の5第24項は、措置法42条12の5第2項の規定の適用を受けようとする中小企業者等のその適用を受けようとする事業年度に係る同条3項10号に規定する比較雇用者給与等支給額が零である場合には、同条2項に規定する雇用者給与等支給増加割合が1.5％以上であるときに該当しないものとすると規定しています。

	比較雇用者給与等支給額＝0

 この要件は満たさないものとされる

（令和3年度改正前）

1	雇用者給与等支給額が比較雇用者給与等支給額を超えること 雇用者給与等支給額　＞　比較雇用者給与等支給額
2	継続雇用者給与等支給額から継続雇用者比較給与等支給額を控除した金額の継続雇用者比較給与等支給額に対する割合が1.5％以上であること $$\frac{継続雇用者給与等支給額 - 継続雇用者比較給与等支給額}{継続雇用者比較給与等支給額} \geqq 1.5\%$$

（令和4年度改正前）

雇用者給与等支給額から比較雇用者給与等支給額を控除した金額の比較雇用者給与等支給額に対する割合が1.5％以上であること
$$\frac{雇用者給与等支給額 - 比較雇用者給与等支給額}{比較雇用者給与等支給額} \geqq 1.5\%$$

（令和4年度改正後）

雇用者給与等支給増加割合　≧　1.5％

（2）税額控除の金額（中小企業者等税額控除限度額）

控除対象雇用者給与等支給増加額の15％相当額を調整前法人税額から控除します。

（3）税額控除の割合が増加する場合

次に掲げる要件を満たす場合には、税額控除の割合15％は、

15％に次に掲げる割合を加算した割合になります。

　次の要件の全てを満たす場合には、次に定める割合を合計した割合を加算することになります。

①　雇用者給与等支給増加割合が2.5％以上であること……15％

②　当該中小企業者等の当該事業年度の所得の金額の計算上損金の額に算入される教育訓練費の額からその比較教育訓練費の額を控除した金額の当該比較教育訓練費の額に対する割合が10％以上であること……10％

$$\frac{教育訓練費　-　比較教育訓練費}{比較教育訓練費} \geqq 10\%$$

①も②も満たさない場合	15％
①の要件のみ満たす場合	30％（15％加算）
②の要件のみ満たす場合	25％（10％加算）
①と②を満たす場合	40％（25％加算）

※　措置法施行令27条の12の5第25項は、措置法42条の12の5第1項又は2項の規定の適用を受けようとする法人のその適用を受けようとする事業年度に係る同条3項8号に規定する比較教育訓練費の金額が零である場合における同条1項又は2項の規定の適用については、次の各号に掲げる場合の区分に応じ当該各号に定めるところによると規定しています。

1号　当該事業年度に係る教育訓練費の額が零である場合
　　　措置法42条の12の5第1項2号及び2項2号に掲げる要件を満たさないものとする。

2号　前号に掲げる場合以外の場合
　　　措置法42条の12の5第1項2号及び2項2号に掲げる要件を満たすものとする。

比較教育訓練費＝0

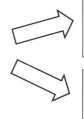

教育訓練費＝0の場合はこの要件を満たさないものとされる

教育訓練費＞0の場合はこの要件を満たすものとされる

（改正前の加重要件）

1	雇用者給与等支給額から比較雇用者給与等支給額を控除した金額の当該比較雇用者給与等支給額に対する割合が2.5％以上であること $$\frac{雇用者給与等支給額 \ - \ 比較雇用者給与等支給額}{比較雇用者給与等支給額} \geqq 2.5\%$$
2	次に掲げる要件のいずれかを満たすこと A　当該事業年度の所得の金額の計算上損金の額に算入される教育訓練費の額から比較教育訓練費の額を控除した金額の比較教育訓練費の額に対する割合が10％以上であること $$\frac{教育訓練費 \ - \ 比較教育訓練費}{比較教育訓練費} \geqq 10\%$$ B　当該事業年度終了の日までにおいて中小企業等経営強化法17条1項の認定を受けたものであり、当該認定に係る同項に規定する経営力向上計画(同法18条1項の規定による変更の認定があったときは、その変更後のもの)に記載された同法2条10項に規定する経営力向上が確実に行われたことにつき財務省令で定めるところにより証明がされたものであること

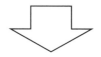

（改正後の加重要件）

1	雇用者給与等支給増加割合が2.5％以上であること **雇用者給与等支給増加割合　≧　2.5％**
2	損金の額に算入される教育訓練費の額からその比較教育訓練費の額を控除した金額の当該比較教育訓練費の額に対する割合が 10％以上であること $$\frac{教育訓練費　-　比較教育訓練費}{比較教育訓練費} \geqq 10\%$$

※　措置法施行令 27 条の 12 の 5 第 24 項は、措置法 42 条の 12 の 5 第 2 項の規定の適用を受けようとする中小企業者等のその適用を受けようとする事業年度に係る同条 3 項 10 号に規定する比較雇用者給与等支給額の金額が零である場合には、同条 2 項に規定する雇用者給与等支給割合が 100 分の 1.5 以上であるときに該当しないものとすると規定しています。

(4) 措置法 42 条の 12 の規定の適用を受ける場合

措置法 42 条の 12 の規定の適用を受ける場合には、15％等を乗ずる「控除対象雇用者給与等支給増加額」は、「控除対象雇用者給与等支給増加額から、措置法 42 条の 12 の規定による控除を受ける金額の計算の基礎となった者に対する給与等の支給額として政令（措令 27 の 12 の 5 ③④）で定めるところにより計算した金額を控除した残額」となります。

(5) 税額控除の金額の限度額

中小企業者等税額控除限度額が、調整前法人税額の 20％に相当する金額を超えるときは、その控除を受ける金額は、当該 20％に相当する金額となります。

第3章
賃上げ促進税制を理解するための重要用語

1 国内雇用者

「国内雇用者」とは、法人の使用人（当該法人の役員（法人税法2条15号に規定する役員をいう。）と政令で定める特殊の関係のある者及び当該法人の使用人としての職務を有する役員を除く。）のうち当該法人の有する国内の事業所に勤務する雇用者として政令で定めるものに該当するものをいいます（措法42の12の5③二）。

国内雇用者の意味は、改正前と変わっていません。

パート、アルバイト、日雇い労働者を含みます。

措置法施行令27条の12の5第5項は、措置法42条の12の5第3項2号に規定する政令で定める特殊の関係のある者は、次に掲げる者とすると規定しています。

① 役員（措置法42条の12の5第3項2号に規定する役員をいう。）の親族

② 役員と婚姻の届出をしていないが事実上婚姻関係と同様の事情にある者

③ 上記①、②以外の者で役員から生計の支援を受けているもの

④ 上記②、③の者と生計を一にするこれらの者の親族

また、措置法施行令27条の12の5第6項は、措置法42条の12の5第3項2号に規定する政令で定めるものは、当該法人の国内に所在する事業所につき作成された労働基準法108条に規定する賃金台帳に記載された者とすると規定しています。

国内雇用者の要件は「使用人のうち国内に所在する事業所につき作成された賃金台帳に記載された者」であることなので、海外に長期出張等していた場合でも、国内の事業所で作成された賃金台帳に記載され、給与所得となる給与等の支給を受けていれば、海外で勤務していても国内雇用者に該当することになります。

出向先法人が出向元法人へ出向者に係る給与負担金を支払っている場合において、当該出向先法人の賃金台帳に当該出向者を記載しているときは、出向先法人が支払う当該給与負担金は、出向先法人の雇用者給与等支給額に含まれます。逆に、出向先法人の賃金台帳に記載がない場合には、当該給与負担金の額は出向先法人の雇用者給与等支給額には含まれません。

（国内雇用者に含まれないもの）

1	当該法人の国内に所在する事業所につき作成された労働基準法108条に規定する賃金台帳に記載されていない者
2	法人税法2条15号に規定する役員
3	使用人兼務役員
4	役員の親族
5	役員と婚姻の届出をしていないが事実上婚姻関係と同様の事情にある者
6	4及び5以外の者で役員から生計の支援を受けているもの
7	5及び6の者と生計を一にするこれらの者の親族

※　賃金台帳

　労働基準法108条は、使用者は、各事業場ごとに賃金台帳を調製し、賃金計算の基礎となる事項及び賃金の額その他厚生労働省令で定める事項を賃金支払の都度遅滞なく記入しなければならない、と規定しています。

　労働基準法施行規則54条は、賃金台帳に記載すべき事項として次の事項を規定しています。

①　氏名
②　性別
③　賃金計算期間
④　労働日数

⑤ 労働時間数

⑥ 法33条若しくは法36条1項の規定によって労働時間を延長し、若しくは休日に労働させた場合又は午後10時から午前5時（厚生労働大臣が必要であると認める場合には、その定める地域又は期間については午後11時から午前6時）までの間に労働させた場合には、その延長時間数、休日労働時間数及び深夜労働時間数

⑦ 基本給、手当その他賃金の種類ごとにその額

⑧ 法24条1項の規定によって賃金の一部を控除した場合には、その額

様式第20号（第55条）

賃金台帳（常時使用される労働者に対するもの）										氏名／性別／所属／職名
賃金計算期間	分	分	分	分	分	分	分	分		氏名
労働日数	日	日	日	日	日	日	日	日		
労働時間数	時間	時間	時間	時間	時間	時間	時間	時間		
休日労働時間数	時間	時間	時間	時間	時間	時間	時間	時間		
早出残業時間数	時間	時間	時間	時間	時間	時間	時間	時間		
深夜労働時間数	時間	時間	時間	時間	時間	時間	時間	時間		
基本賃金	円	円	円	円	円	円	円	円		
所定時間外割増賃金	円	円	円	円	円	円	円	円		
手当	円	円	円	円	円	円	円	円		
手当	円	円	円	円	円	円	円	円		性別
手当	円	円	円	円	円	円	円	円		
手当	円	円	円	円	円	円	円	円		
	円	円	円	円	円	円	円	円		
	円	円	円	円	円	円	円	円		
小計	0 円	0 円	0 円	0 円	0 円	0 円	0 円	0 円		所属
非課税分賃金額	円	円	円	円	円	円	円	円		
臨時の給与	円	円	円	円	円	円	円	円		
賞与	円	円	円	円	円	円	円	円		
合計	0 円	0 円	0 円	0 円	0 円	0 円	0 円	0 円		
社会保険料控除 健康保険	円	円	円	円	円	円	円	円		
厚生年金・保険	円	円	円	円	円	円	円	円		
雇用保険	円	円	円	円	円	円	円	円		
小計	0 円	0 円	0 円	0 円	0 円	0 円	0 円	0 円		職名
差引残	0 円	0 円	0 円	0 円	0 円	0 円	0 円	0 円		
控除金 所得税	円	円	円	円	円	円	円	円		
市町村民税	円	円	円	円	円	円	円	円		
小計	0 円	0 円	0 円	0 円	0 円	0 円	0 円	0 円		
実物給与	円	円	円	円	円	円	円	円		
差引支払金	0 円	0 円	0 円	0 円	0 円	0 円	0 円	0 円		
領収印	月日 印	月日 印	月日 印	月日 印	月日 印	月日 印	月日 印	月日 印		

※ 法人の役員

法人税法2条15号

役員 法人の取締役、執行役、会計参与、監査役、理事、監事及び清算人並びにこれら以外の者で法人の経営に従事

している者のうち政令で定めるものをいう。

法人税法施行令7条

　法2条15号（役員の意義）に規定する政令で定める者は、次に掲げる者とする。

　1号　法人の使用人（職制上使用人としての地位のみを有する者に限る。次号において同じ。）以外の者でその法人の経営に従事しているもの

　2号　同族会社の使用人のうち、71条1項5号イからハまで（使用人兼務役員とされない役員）の規定中「役員」とあるのを「使用人」と読み替えた場合に同号イからハまでに掲げる要件のすべてを満たしている者で、その会社の経営に従事しているもの

　例えば、①取締役若しくは理事となっていない総裁、副総裁、会長、副会長、理事長、副理事長、組合長等、②合名会社、合資会社及び合同会社の業務執行社員、③人格のない社団等の代表者若しくは管理人、又は④法定の役員ではないが、法人の定款等において役員として定められている者のほか、⑤相談役、顧問などで、法人内における地位、職務等からみて他の役員と同様に実質的に法人の経営に従事していると認められるものも含みます。

　また、「使用人兼務役員」については、使用人としての給与についても、国内雇用者に対して支給した給与にはなりません。

※　親族

民法725条

　次に掲げる者は、親族とする。

　1号　6親等内の血族

2号　配偶者
　　　3号　3親等内の姻族
　　民法726条
　　　1項　親等は、親族間の世代数を数えて、これを定める。
　　　2項　傍系親族の親等を定めるには、その1人又はその配
　　　　　偶者から同一の祖先にさかのぼり、その祖先から他の
　　　　　1人に下るまでの世代数による。

※　生計を一にする親族
　　所得税基本通達2－47
　　　法に規定する「生計を一にする」とは、必ずしも同一の家屋
　　に起居していることをいうものではないから、次のような場合
　　には、それぞれ次による。
①　勤務、修学、療養等の都合上他の親族と日常の起居を共にし
　　ていない親族がいる場合であっても、次に掲げる場合に該当す
　　るときは、これらの親族は生計を一にするものとする。
　　イ　当該他の親族と日常の起居を共にしていない親族が、勤務、
　　　修学等の余暇には当該他の親族のもとで起居を共にすること
　　　を常例としている場合
　　ロ　これらの親族間において、常に生活費、学資金、療養費等
　　　の送金が行われている場合
②　親族が同一の家屋に起居している場合には、明らかに互いに
　　独立した生活を営んでいると認められる場合を除き、これらの
　　親族は生計を一にするものとする。
　以上が、措置法42条の12の5において用いられる「国内雇用者」
の意味です。
　「国内雇用者」という語は、措置法施行令27条の12の5第7項

1号及び2号においても用いられています。

　措置法施行令27条の12の5第7項は、措置法42条の12の5第3項4号の委任を受け、継続雇用者を定義しています。

　措置法施行令27条の12の5第7項1号及び2号において「国内雇用者」の語は、「措置法42条の12の5第3項2号に規定する国内雇用者」のうちの雇用保険法60条の2第1項1号に規定する一般被保険者に該当する者で、高年齢者等の雇用の安定等に関する法律9条1項2号に規定する継続雇用制度の対象である者として財務省令で定める者以外の者をいうこととされています。

法人の使用人（当該法人の役員と政令で定める特殊の関係のある者及び当該法人の使用人としての職務を有する役員を除く。）のうち当該法人の有する国内の事業所に勤務する雇用者として政令で定めるものに該当するもの

措置法42条の12の5における「国内雇用者」

雇用保険法60条の2第1項1号に規定する一般被保険者に該当する者

措置法施行令27条の12の5第7項1号及び2号における「国内雇用者」

高年齢者等の雇用の安定等に関する法律9条1項2号に規定する継続雇用制度の対象である者として財務省令で定める者

2　雇用者給与等支給額

　雇用者給与等支給額とは、法人の適用事業年度の所得の金額の計算上損金の額に算入される国内雇用者に対する給与等の支給額をいいます（措法42の12の5③九）。

　措置法42条の12の5第3項4号は、同項4号以下の各号においては、「給与等の支給額」は、その給与等に充てるため他の者から支払を受ける金額（国又は地方公共団体から受ける雇用保険法62条1項1号に掲げる事業として支給が行われる助成金その他これに類するものの額を除く。）がある場合には当該金額を控除した金額をいう、と規定しています。

　したがって、「その給与等に充てるため他の者から支払を受ける金額」がある場合には、雇用者給与等支給額からこの金額は控除されますが、「その給与等に充てるため他の者から支払を受ける金額」には、「国又は地方公共団体から受ける雇用保険法62条1項1号に掲げる事業として支給が行われる助成金その他これに類するものの額」（雇用安定助成金額）は含まれません。

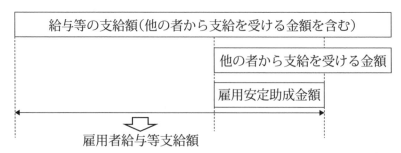

　未払給与は、その計上時に損金算入されるものなので、その計上時すなわち損金算入時の事業年度の「損金の額に算入される給与等の支給額」に含まれることになります。これに対して、前払給与は

計上時には損金算入されませんがその後に損金算入される事業年度の「損金の額に算入される給与等の支給額」に含まれることになります。

　出向先法人が出向元へ出向者に係る給与負担金の額を支出する場合において、当該出向先法人の国内に所在する事業所につき作成された賃金台帳に当該出向者を記載しているときは、当該給与負担金の額は、措置法42条の12の5第3項9号の給与等の支給額に含まれます。この場合において、当該出向者が当該出向元法人において雇用保険法60条の2第1項1号に規定する一般被保険者に該当するときは、当該出向者は当該出向先法人において一般被保険者に該当するものとして、措置法施行令27条の12の5第7項の規定を適用することになります。

　※　給与等とは、所得税法28条1項に規定する給与等をいいますが、賃金台帳に記載された支給額（所得税法上課税されない通勤手当等の額を含む。）のみを対象として計算する等、合理的な方法により継続して国内雇用者に対する給与等の支給額を計算している場合には、その計算が認められます（措通42の12の5－1の3）。

　※　原価計算における労務費にあたる賃金等については、原則的には、期首棚卸と期末棚卸とに含まれる賃金等を加減算することになりますが、煩雑さを避けるため、その賃金等の支給額の確定を基準に計算したものを給与等の支給額とする等、一定の合理性が認められる方法によって、法人が継続的にこの制度における「損金の額に算入される給与等の支給額」を算出することも許容されるものと考えられます（措通42の12の5－4）。

※　他の者から支払を受ける金額（措通42の12の5－2）

　　以下のものが、「他の者から支払を受ける金額」に該当します。

① 　その補助金、助成金、給付金又は負担金その他これに準ずる
　　もの（補助金等）の要綱、要領又は契約において、その補助金
　　等の交付の趣旨又は目的がその交付を受ける法人の給与等の支
　　給額に係る負担を軽減させることが明らかにされている場合の
　　その補助金等の交付額

　　例：業務改善助成金

② 　①以外の補助金等の交付額で、資産の譲渡、資産の貸付け及
　　び役務の提供に係る反対給付としての交付額に該当しないもの
　　のうち、その算定方法が給与等の支給実績又は支給単価（雇用
　　契約において時間、日、月、年ごとにあらかじめ決められてい
　　る給与等の支給額をいう。）を基礎として定められているもの

　　例：雇用調整助成金、緊急雇用安定助成金、産業雇用安定助
　　　　成金、労働移動支援助成金（早期雇入れコース）、キャリ
　　　　アアップ助成金（正社員化コース）、特定求職者雇用開発
　　　　助成金（就職氷河期世代安定雇用実現コース）、特定求職
　　　　者雇用開発助成金（特定就職困難者コース）

③ 　①及び②以外の補助金等の交付額で、法人の使用人が他の法
　　人に出向した場合において、その出向した使用人（出向者）に
　　対する給与を出向元法人（出向者を出向させている法人をい
　　う。）が支給することとしているときに、出向元法人が出向先
　　法人（出向元法人から出向者を受け入れている法人をいう。）
　　から支払を受けた出向先法人の負担すべき給与に相当する金額

※　残業手当、休日出勤手当、職務手当、地域手当、家族（扶養）
　手当、住宅手当などは、通常、給与所得に該当するので、「給与等」

に含まれます。

※　商品券や食事券等で支給したものでも給与所得に該当するものは、給与等の支給額に含まれます。給与等の金額は現金で支払われるものに限られません。

3　雇用安定助成金額

　雇用安定助成金額とは、国又は地方公共団体から受ける雇用保険法62条1項1号に掲げる事業として支給が行われる助成金その他これに類するものの額をいいます（措法42の12の5③六イ）。

　具体的には次のものが該当します（措通42の12の5－2の2）。

①　雇用調整助成金、産業雇用安定助成金又は緊急雇用安定助成金の額

②　①に上乗せして支給される助成金の額その他の①に準じて地方公共団体から支給される助成金の額

（参考）

雇用保険法62条1項

　政府は、被保険者、被保険者であった者及び被保険者になろうとする者(以下この章において「被保険者等」という。)に関し、失業の予防、雇用状態の是正、雇用機会の増大その他雇用の安定を図るため、雇用安定事業として、次の事業を行うことができる。

1号　景気の変動、産業構造の変化その他の経済上の理由により事業活動の縮小を余儀なくされた場合において、労働者を休業させる事業主その他労働者の雇用の安定を図るために必要な措置を講ずる事業主に対して、必要な助成及び援助を行うこと。

※　新型コロナウイルス感染症対応休業支援金・給付金は、従業
　　員が勤務先を通さずに給付されるものであり、法人が支給する
　　給与等に充てるものではないことから、「雇用安定助成金額」
　　には該当しません。

4　継続雇用者

　適用事業年度及び適用事業年度開始の日の前日を含む事業年度
（前事業年度）の期間内の各月分のその法人の給与等の支給を受け
た国内雇用者として政令で定めるものをいいます（措法42の12の
5③四）。

　措置法施行令27条の12の5第7項は、措置法42条の12の5第
3項4号に規定する政令で定めるものは、法人の同項2号に規定す
る国内雇用者（雇用保険法60条の2第1項1号に規定する一般被
保険者に該当する者に限るものとし、高年齢者等の雇用の安定等に
関する法律9条1項2号に規定する継続雇用制度の対象である者と
して財務省令で定める者を除く。第1号及び第2号において「国内
雇用者」という。）のうち次の各号に掲げる場合の区分に応じ当該
各号に定めるものとすると規定しています。

①　適用事業年度の月数と当該適用年度開始の日の前日を含む事業
　　年度（設立の日（同項第1号に規定する設立の日をいう。以下こ
　　の条において同じ。）を含む事業年度にあっては、当該設立の日
　　から当該事業年度終了の日までの期間。「前事業年度」）の月数と
　　が同じ場合（1号）
　　　当該法人の国内雇用者として当該適用事業年度及び当該前事業
　　年度の期間内の各月分の当該法人の給与等の支給を受けた者
②　適用事業年度の月数と前事業年度の月数が異なる場合（2号）
　　　次に掲げる場合の区分に応じそれぞれ次に定めるもの

ア　前事業年度の月数が適用事業年度の月数に満たない場合

　当該法人の国内雇用者として当該適用事業年度の期間及び当該適用事業年度開始の日前1年（当該適用事業年度が1年に満たない場合には、当該適用事業年度の期間。）以内に終了した各事業年度（設立の日以後に終了した事業年度に限る。「前1年事業年度」）の期間（当該開始の日から起算して1年前の日又は設立の日を含む前1年事業年度にあっては、当該1年前の日又は当該設立の日のいずれか遅い日から当該前1年事業年度終了の日までの期間（前1年事業年度特定期間））内の各月分の当該法人の給与等の支給を受けた者。

（ア）適用事業年度1年、前事業年度、前々事業年度6月の場合

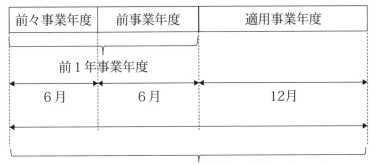

この期間内の各月分の給与等の支給を受けた者

（イ）適用事業年度６月、前事業年度、前事業年度３月の場合

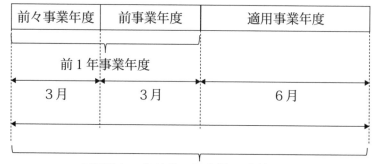

この期間内の各月分の給与等の支給を受けた者

（ウ）適用事業年度12月、前事業年度、前々事業年度９月の場合

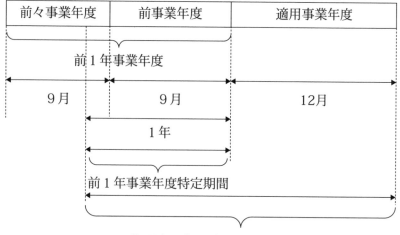

この期間内の各月分の給与等の支給を受けた者

　イ　前事業年度の月数が適用事業年度の月数を超える場合

　当該法人の国内雇用者として当該適用事業年度の期間及び前事業年度特定期間（当該前事業年度の期間のうち当該適用事業年度の期間に相当する期間で当該前事業年度終了の日に終了する期間をいう。）内の各月分の当該法人の給与等の支給を受けた者。

○前事業年度12月、適用事業年度6月の場合

```
┌──────────────────┬──────────────┐
│      前事業年度      │    適用事業年度   │
└──────────────────┴──────────────┘
│←───── 12月 ──────→│←── 6月 ──→│
        │←── 6月 ──→│
        前事業年度特定期間
```

この期間内の各月分の給与等の支給を受けた者

※　雇用保険制度における一般被保険者

　雇用保険制度における被保険者の種類は次のとおりです。

①　一般被保険者（65歳未満の常用労働者）

②　高年齢被保険者（65歳を超えて引き続き雇用される者
　　等）

③　短期雇用特例被保険者（季節的に雇用される者）

④　日雇労働被保険者（日々雇用される者、30日以内の期
　　間を定めて雇用される者）

　1週間の所定労働時間が20時間未満である者は雇用保険法
の適用除外となります。

※　雇用保険の一般被保険者に該当する者はいるが雇用保険に未
　加入の場合の取扱い

　継続雇用者の意義を定めた措置法施行令27条の12の5第7
項は、継続雇用者を措置法42条の12の5第3項2号に規定す
る国内雇用者のうち雇用保険法60条の2第1項1号に規定す
る一般被保険者に限定しています。雇用保険法60条の2第1

項1号は「一般被保険者（被保険者のうち高年齢被保険者、短期雇用特例被保険者及び日雇労働被保険者以外の者をいう。）」と規定しています。さらに、雇用保険法4条1項では、被保険者を「適用事業に雇用される労働者であって、第6条各号に掲げる者以外のものをいう。」と定義しています。そして、事業主はその被保険者に関する届出をする義務を負っています（同法7条）。つまり、措置法施行令27条の12の5第7項は、雇用保険の加入手続や保険料納付の有無にかかわらず、単に雇用保険法上の一般被保険者の意義を引用しているにすぎません。

　したがって、事業主が雇用保険の加入手続を行っていない場合であっても、本来一般被保険者に該当するものであれば、税法上は一般被保険者として取扱われるべきものと考えられます。

※　高年齢者等の雇用の安定等に関する法律9条1項
　　定年（65歳未満のものに限る。以下この条において同じ。）の定めをしている事業主は、その雇用する高年齢者の65歳までの安定した雇用を確保するため、次の各号に掲げる措置（以下「高年齢者雇用確保措置」という。）のいずれかを講じなければならない。
　1号　当該定年の引上げ
　2号　継続雇用制度（現に雇用している高年齢者が希望するときは、当該高年齢者をその定年後も引き続いて雇用する制度をいう。以下同じ。）の導入
　3号　当該定年の定めの廃止

5　継続雇用者給与等支給額

　継続雇用者給与等支給額とは、措置法42条の12の5第3項9号に規定する雇用者給与等支給額のうち同項4号に規定する継続雇用者に係る金額をいいます。

　措置法42条の12の5第3項9号に規定する雇用者給与等支給額とは、法人の適用事業年度の所得の金額の計算上損金の額に算入される国内雇用者に対する給与等の支給額をいいますが、同項4号は、「給与等の支給額」を、「その給与等に充てるため他の者から支払を受ける金額（国又は地方公共団体から受ける雇用保険法62条1項1号に掲げる事業として支給が行われる助成金その他これに類するものの額を除く。）」がある場合には、当該金額を控除した金額とし、以下同項において同じ、と規定しています（措法42の12の5③四）。

　したがって、措置法42条の12の5第3項9号に規定する雇用者給与等支給額とは、「その給与等に充てるため他の者から支払を受ける金額」がある場合には、その金額を控除した後の金額をいうことになります。

　そして、「国又は地方公共団体から受ける雇用保険法62条1項1号に掲げる事業として支給が行われる助成金その他これに類するもの」がある場合には、「その給与等に充てるため他の者から支払を受ける金額」から「国又は地方公共団体から受ける雇用保険法62条1項1号に掲げる事業として支給が行われる助成金その他これに類するもの」は除かれることになります。

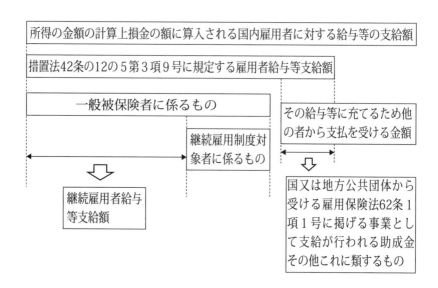

6　継続雇用者比較給与等支給額

　継続雇用者に対する前事業年度の給与等の支給額として政令で定める金額をいいます（措法 42 の 12 の 5③五）。

　措置法施行令 27 条の 12 の 5 第 9 項は、措置法 42 条の 12 の 5 第 3 項 5 号に規定する政令で定める金額を次のとおり規定しています。

（1）措置法施行令 27 条の 12 の 5 第 7 項 1 号に掲げる場合（適用事業年度の月数と前事業年度の月数とが同じ場合）（1 号）

前事業年度に係る給与等支給額のうち継続雇用者に係る金額

　※　前事業年度とは、措置法施行令 27 条の 12 の 5 第 7 項 1 号に規定する前事業年度をいいます。

　※　給与等支給額とは、法人の事業年度の所得の金額の計算上損金の額に算入される国内雇用者（措置法 42 条の 12 の 5 第 3 項

2号に規定する国内雇用者をいう。）に対する給与等の支給額
（措置法 42 条の 12 の 5 第 3 項 4 号に規定する支給額をいう。）
をいいます。

(2) 措置法施行令 27 条の 12 の 5 第 7 項 2 号イの場合（前事業年度の月数が適用事業年度の月数に満たない場合）（2号）

　前 1 年事業年度に係る給与等支給額のうち継続雇用者に係る金額（前 1 年事業年度の前 1 年事業年度特定期間に対応する金額に限る。）の合計に措置法施行令 27 条の 12 の 5 第 7 項 2 号イの適用事業年度の月数を乗じてこれを前 1 年事業年度特定期間の月数の合計数で除して計算した金額

　※　前 1 年事業年度とは、措置法施行令 27 条の 12 の 5 第 7 項 2 号イに規定する前 1 年事業年度をいいます。

　※　前 1 年事業年度特定期間とは、措置法施行令 27 条の 12 の 5 第 7 項 2 号イに規定する前 1 年事業年度特定期間をいいます。

①　適用事業年度 1 年、前事業年度、前々事業年度 6 月の場合

② 適用事業年度6月、前事業年度、前事業年度3月の場合

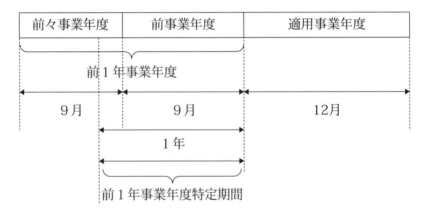

③ 適用事業年度12月、前事業年度、前々事業年度9月の場合

(3) 措置法施行令27条の12の5第7項2号ロの場合（前事業年度の月数が適用事業年度の月数を超える場合）（3号）

　前事業年度に係る給与等支給額のうち継続雇用者に係る金額（当該前事業年度の措置法施行令27条の12の5第7項2号ロに規定する前事業年度特定期間に対応する金額に限る。）

　※　前事業年度特定期間とは、措置法施行令27条の12の5第7項2号ロに規定する前事業年度特定期間をいいます。

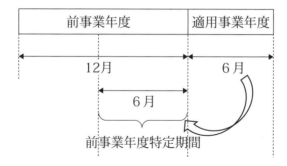

前事業年度特定期間

7　継続雇用者給与等支給増加割合

　継続雇用者給与等支給増加割合とは、継続雇用者給与等支給額から継続雇用者比較給与等支給額を控除した金額の継続雇用者比較給与等支給額に対する割合をいいます（措法42の12の5①）。

$$継続雇用者給与等支給増加割合＝\frac{継続雇用者給与等支給額－継続雇用者比較給与等支給額}{継続雇用者比較給与等支給額}$$

　措置法施行令27条の12の5第23項は、措置法42条の12の5第1項の規定の適用を受けようとする法人のその適用を受けようとする事業年度に係る同条3項5号に規定する継続雇用者比較給与等支給額が零である場合には、同条1項に規定する継続雇用者給与等支給増加割合が100分の3以上であるときに該当しないものとすると規定しています。

継続雇用者比較給与等支給額が零である

措置法42条の12の5第1項に規定する継続雇用者給与等支給増加割合が100分の3以上であるときに該当しないものとされる

8　比較雇用者給与等支給額

　比較雇用者給与等支給額とは、法人の前事業年度の所得の金額の計算上損金の額に算入される国内雇用者に対する給与等の支給額をいいます（措法 42 の 12 の 5 ③十）。

　措置法 42 条の 12 の 5 第 3 項 4 号は、同項 4 号以下の各号においては、「給与等の支給額」は、その給与等に充てるため他の者から支給を受ける金額（国又は地方公共団体から受ける雇用保険法 62 条 1 項 1 号に掲げる事業として支給が行われる助成金その他これに類するものの額を除く。）がある場合には当該金額を控除した金額をいう、と規定しています。

　したがって、「その給与等に充てるため他の者から支給を受ける金額」がある場合には、比較雇用者給与等支給額からこの金額は控除されますが、「その給与等に充てるため他の者から支払を受ける金額」には、「国又は地方公共団体から受ける雇用保険法 62 条 1 項 1 号に掲げる事業として支給が行われる助成金その他これに類するものの額」（雇用安定助成金額）は含まれません。

　改正前の「比較雇用者給与等支給額」と同じ意味です。

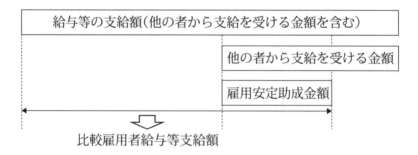

　なお、前事業年度の月数と適用事業年度の月数が異なる場合には、その月数に応じ政令で定めるところにより計算した金額となります。

　措置法施行令27条の12の5第18項は、措置法42条の12の5第10項に規定する政令で定めるところにより計算した金額を次のとおり規定しています。

（1）措置法42条の12の5第3項10号の前事業年度の月数が同号の適用事業年度の月数を超える場合（1号）

　当該前事業年度に係る給与等支給額に当該適用事業年度の月数を乗じてこれを当該前事業年度の月数で除して計算した金額

前事業年度の月数　＞　適用事業年度の月数

比較雇用者給与等支給額

　＝　前事業年度の給与等支給額×（適用事業年度の月数÷前事業年度の月数）

（2）措置法42条の12の5第3項10号の前事業年度の月数が同号の適用事業年度の月数に満たない場合

　ア　当該前事業年度が6月に満たない場合

　　当該適用事業年度開始の日前1年（当該適用事業年度が1年に満たない場合には、当該適用事業年度の期間）以内に終了した各事業年度（前1年事業年度）に係る給与等支給額の合計額に当該適用事業年度の月数を乗じてこれを前1年事業年度の月数の合計数で除して計算した金額

① 適用事業年度 1 年、前事業年度、前々事業年度 5 月の場合

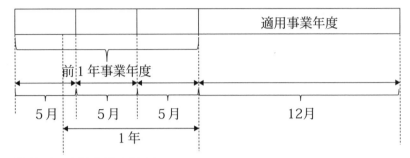

比較雇用者給与等支給額
＝（前 1 年事業年度に係る給与等支給額の合計額）×
　（適用事業年度の月数÷前 1 年事業年度の月数の合計数）

② 適用事業年度 6 月、前事業年度、前事業年度 3 月の場合

比較雇用者給与等支給額
＝（前 1 年事業年度に係る給与等支給額の合計額）×
　（適用事業年度の月数÷前 1 年事業年度の月数の合計数）

イ　当該前事業年度が 6 月以上である場合

　当該前事業年度に係る給与等支給額に当該適用事業年度の月
数を乗じてこれを当該前事業年度の月数で除して計算した金額

前事業年度の月数　＜　適用事業年度の月数　かつ　前事業年度≧ 6 月

比較雇用者給与等支給額

＝前事業年度の給与等支給額×（適用事業年度の月数÷前事業年度の月数）

9　調整雇用者給与等支給増加額

措置法42条の12の5第3項6号は、調整雇用者給与等支給増加額を次のイに掲げる金額からロに掲げる金額を控除した金額をいうと規定しています。

改正前の「調整雇用者給与等支給増加額」と同じ意味です。

イ　雇用者給与等支給額（当該雇用者給与等支給額の計算の基礎となる給与等に充てるための雇用安定助成金額がある場合には、当該雇用安定助成金額を控除した金額）

ロ　比較雇用者給与等支給額（当該比較雇用者給与等支給額の計算の基礎となる給与等に充てるための雇用安定助成金額がある場合には、当該雇用安定助成金額を控除した金額）

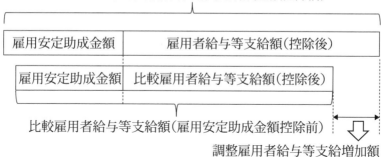

10　控除対象雇用者給与等支給増加額

措置法42条の12の5第3項6号は、「控除対象雇用者給与等支給増加額」を法人の雇用者給与等支給額からその比較雇用者給与等支給額を控除した金額（当該金額が法人の適用事業年度の調整雇用者給与等支給増加額を超える場合には、当該調整雇用者給与等支給増加額）をいうと規定しています。

改正前の「控除対象雇用者給与等支給増加額」と同じ意味です。

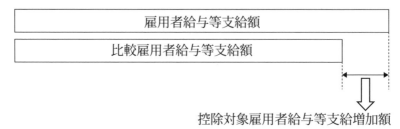

控除対象雇用者給与等支給増加額

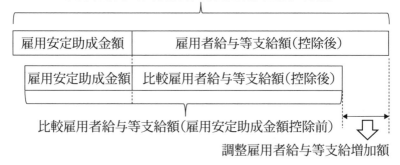

調整雇用者給与等支給増加額

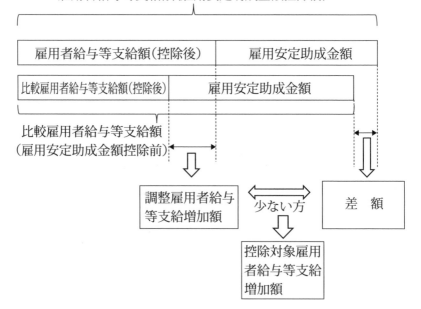

11　雇用者給与等支給増加割合

　雇用者給与等支給増加割合とは、雇用者給与等支給額から比較雇用者給与等支給額を控除した金額の当該比較雇用者給与等支給額に対する割合をいいます（措法 42 の 12 の 5 ②）。

（計算のフローチャート）

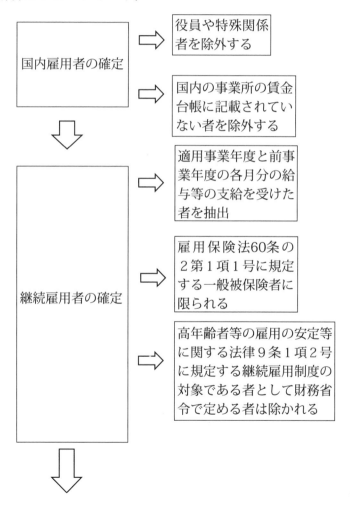

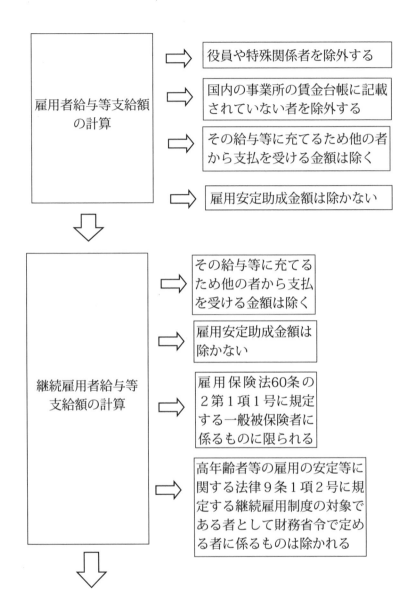

雇用者給与等支給額
の計算

- ⇒ 役員や特殊関係者を除外する
- ⇒ 国内の事業所の賃金台帳に記載
  されていない者を除外する
- ⇒ その給与等に充てるため他の者
  から支払を受ける金額は除く
- ⇒ 雇用安定助成金額は除かない

継続雇用者給与等
支給額の計算

- ⇒ その給与等に充てる
  ため他の者から支払
  を受ける金額は除く
- ⇒ 雇用安定助成金額は
  除かない
- ⇒ 雇用保険法60条の
  2第1項1号に規定
  する一般被保険者に
  係るものに限られる
- ⇒ 高年齢者等の雇用の安定等に
  関する法律9条1項2号に規
  定する継続雇用制度の対象で
  ある者として財務省令で定め
  る者に係るものは除かれる

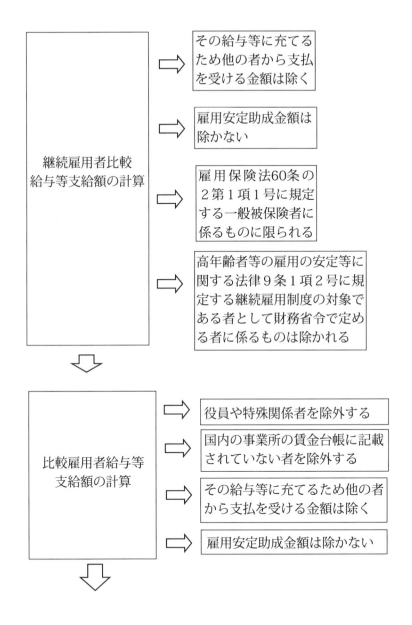

継続雇用者比較
給与等支給額の計算

→ その給与等に充てる
ため他の者から支払
を受ける金額は除く

→ 雇用安定助成金額は
除かない

→ 雇用保険法60条の
２第１項１号に規定
する一般被保険者に
係るものに限られる

→ 高年齢者等の雇用の安定等に
関する法律９条１項２号に規
定する継続雇用制度の対象で
ある者として財務省令で定め
る者に係るものは除かれる

比較雇用者給与等
支給額の計算

→ 役員や特殊関係者を除外する

→ 国内の事業所の賃金台帳に記載
されていない者を除外する

→ その給与等に充てるため他の者
から支払を受ける金額は除く

→ 雇用安定助成金額は除かない

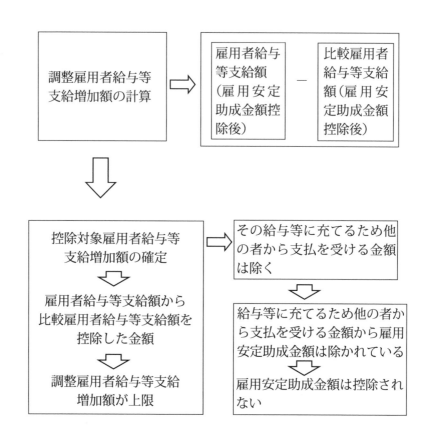

12　教育訓練費

　措置法42条の12の5第3項7号は、「教育訓練費」を、国内雇用者の職務に必要な技術又は知識を習得させ、又は向上させるために支出する費用で政令で定めるものをいうと規定しています。

　その教育訓練費に充てるため他の者から支払を受ける金額がある場合には当該金額を控除した後の金額をいいます（措法42の12の5①二、②二、③八）。

　教育訓練費の意味は、改正前と変わりません。

※　教育訓練の対象は国内雇用者であり、内定者等の入社予定者
　　は対象になりません。

※　法人の所有する研修に利用する施設等の水道光熱費等、維持
　　管理費用、改修費、修繕費、減価償却費等は含まれません。

　　　自社の研修施設を新たに取得した場合の当該取得費も教育訓
　　練費には含まれません。

　　　また、テキスト等の教材費も含まれません。

※　福利厚生目的など教育訓練目的以外のものは含まれません。

措置法施行令27条の12の5第10項は、「教育訓練費」を次のと
おり定めています。

(1) 法人がその国内雇用者に対して、教育、訓練、研修、講習その他これらに類するもの（教育訓練等）を自ら行う場合

ア　教育訓練等のために講師又は指導者（当該法人の役員又は使
　　用人である者を除く。）に対して支払う報酬その他の財務省令
　　で定める費用

※　措置法施行規則20条の10第2項

　　　措置法施行令27条の12の5第10項1号イに規定する財務
　　省令で定める費用は、同号に規定する教育訓練等のために同号
　　イに規定する講師又は指導者（講師等）に対して支払う報酬、
　　料金、謝金その他これらに類するもの及び講師等の旅費（教育
　　訓練等を行うために要するものに限る。）のうち当該法人が負
　　担するもの並びに教育訓練等に関する計画又は内容の作成につ
　　いて当該教育訓練等に関する専門的知識を有する者（当該法人
　　の役員（措置法42条の12の5第3項2号に規定する役員をい

う。）又は使用人である者を除く。）に委託している場合の当該
専門的知識を有する者に対して支払う委託費その他これに類す
るものとする。

　講義・指導等の内容は、大学の教授等による座学研修や専門
知識の伝授のほか、技術指導員等による技術・技能の現場指導
などを行う場合も対象となります。

　招聘する外部講師等は、当該法人の役員又は使用人以外の者
でなければなりませんが、当該法人の子会社、関連会社等のグ
ループ企業の役員又は使用人でもかまいません。

　外部の専門家・技術者に対し、契約により、継続的に講義・
指導等の実施を依頼する場合の費用も対象になります。

　外部講師等の個人に対して報酬等を直接支払う場合に限ら
ず、法人から講師等の派遣を受けその対価をその法人に支払う
場合の費用も対象となります。

　講義・指導等の対価として支払う報酬等に限らず、当該法人
が負担する外部講師等の招聘に要する費用（交通費、旅費、宿
泊費、食費等）も対象となります。

　また、教育訓練等に関する計画や内容の作成について、外部
の専門的知識を有する者に委託する費用も対象になります。

　会社の教育訓練担当部署が、教育訓練プログラム等を作成す
るための内部検討資料として書籍を購入した場合の書籍購入費
用は教育訓練費には含まれません。

イ　教育訓練等のために施設、設備その他の資産を賃借する費用
　その他これに類する財務省令で定める費用

※　措置法施行規則20条の10第3項

　　措置法施行令27条の12の5第10項1号ロに規定する財務
省令で定める費用は、コンテンツ（文字、図形、色彩、音声、
動作若しくは映像又はこれらを組み合わせたものをいう。）の
使用料（コンテンツの取得に要する費用に該当するものを除
く。）とする。

※　当該法人の子会社、関連会社等のグループ企業の所有する
　　施設等を賃借する場合も対象になります。

※　その施設等が普段は生産等の企業活動に用いられている場
　　合であっても、賃借して使用する者が、教育訓練等を行うた
　　めに賃借等する場合は、対象になります。

※　施設・備品等の賃借又は使用の対価として支払う費用（使
　　用料、利用料、賃借料、借上料、レンタル料、リース料）が
　　対象になります。教育訓練等のために使用されている契約期
　　間であれば、その実際の契約期間に制約されません。

　　・施設の例：研修施設、会議室、実習室等

　　・設備の例：教育訓練用シミュレーター設備等

　　・器具・備品の例：ＯＨＰ、プロジェクター、ホワイトボー
　　　ド、パソコン等

　　・コンテンツの例：コンテンツＤＶＤ、e-ラーニング内の
　　　コンテンツ

※　教材の購入・製作に要する費用（教材となるソフトウェア
　　やコンテンツの開発費を含む。）は対象となりませんが、他
　　の者に委託して教育訓練等を行わせる場合の委託費の中に、
　　教材の購入・製作に要する費用が含まれているような場合は
　　対象となります。

(2) 法人から委託を受けた他の者（当該法人が外国法人である場合の法人税法138条1項1号に規定する本店等を含む。）が教育訓練等を行う場合

当該教育訓練等を行うために当該他の者に対して支払う費用

※　事業として教育訓練等を行っている外部教育機関（民間教育会社、公共職業訓練機関、商工会議所等）に限らず、これら以外の一般企業も対象になり、また、当該法人の子会社、関連会社等グループ内の教育機関、一般企業も対象になります。

(3) 法人がその国内雇用者を他の者が行う教育訓練等に参加させる場合

当該他の者に対して支払う授業料その他の財務省令で定める費用

※　措置法施行規則20条の10第4項
　　措置法施行令27条の12の5第10項3号に規定する財務省令で定める費用は、授業料、受講料、受験手数料その他の同号の他の者が行う教育訓練等に対する対価として支払うものとする。

※　法人がその国内雇用者を他の者が行う教育訓練等（研修講座、講習会、研修セミナー、技術指導等）に参加させる費用が典型的なものです。

※　法人が直接又は国内雇用者を通じて間接的に他の者に支払う費用が対象になりますが、当該国内雇用者が費用の一部を負担する場合には、その負担された金額は教育訓練費の額から控除します。

※　他の者が行う教育訓練等に対する対価として当該他の者に支払う授業料、受講料、参加料、指導料等、通信教育に係る費用等が対象になり、研修講座等の一環で資格試験が行われる場合に負担する受験手数料も対象とされているほか、研修講座等で使用する教科書代などの教材費が対価に含まれている場合も、その全額が対象になるものと考えられます。

　　ただし、直接的な費用ではない大学等への寄附、保険料や教育訓練等に関連する国内雇用者の旅費、交通費、食費、宿泊費、住居費（研修の参加に必要な交通費やホテル代、海外留学時の住居費等）は他の者に支払うものであっても対象とはなりません。また、学資金も対象になりません。

※　組合がその組合員である法人の国内雇用者に対して教育訓練等を実施する場合に徴収する賦課金は対象となりませんが、組合が主催する研修セミナー等に国内雇用者を参加させる場合の対価として支払われる費用は、対象になるものと考えられます。

※　教育訓練等に参加させる国内雇用者のその参加期間中の給与や参加に伴う報奨金については、教育訓練費には該当しません。

　　また、教育訓練に参加した社員が資格を取得した場合に法人が社員に支払う報奨金も教育訓練費には該当しません。

※　法人がその国内雇用者を国内外の大学院コース等に参加させる場合に大学院等に支払う授業料等の聴講に要する費用、教科書等の費用も対象になりますが、使用人が個人として負担すべき費用を法人が肩代わりしているものとして、所得税法上の給与所得に該当するものは対象になりません。

※　教育訓練担当部署（人事部、研修部等）に勤務する従業員に支払った給与等の人件費も、教育訓練費には該当しません。

13 比較教育訓練費

　措置法42条の12の5第3項8号は、「比較教育訓練費の額」を、法人の適用事業年度開始の日前1年以内に開始した各事業年度の所得の金額の計算上損金の額に算入される教育訓練費の額（当該各事業年度の月数と当該適用事業年度の月数とが異なる場合には、これらの教育訓練費の額に当該適用事業年度の月数を乗じてこれを当該各事業年度の月数で除して計算した金額）の合計額を当該1年以内に開始した各事業年度の数で除して計算した金額をいうと規定しています。

　「比較教育訓練費の額」の意味も改正前と変わりません。

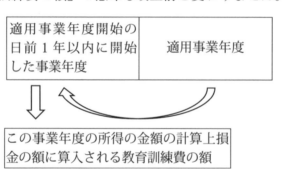

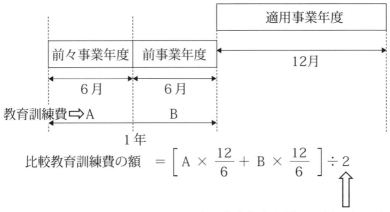

$$\text{比較教育訓練費の額} = \left[A \times \frac{12}{6} + B \times \frac{12}{6} \right] \div 2$$

適用事業年度開始の日前1年以内
に開始した各事業年度の数

14　中小企業者等（措法42の12の5②）

　「中小企業者等」とは、措置法42条の4第19項7号に規定する
中小企業者（同項8号に規定する適用除外事業者又は同項8号の2
に規定する通算適用除外事業者に該当するものを除く。）又は措置
法42条の4第19項9号に規定する農業協同組合等で青色申告書を
提出するものをいうとされています。

　具体的には次のとおりです。

(1)　中小企業者

　資本金の額若しくは出資金の額が1億円以下の法人のうち次に掲
げる法人以外の法人又は資本若しくは出資を有しない法人のうち常
時使用する従業員の数が1,000人以下の法人（当該法人が通算親法
人である場合には、次のウに掲げる法人を除く。）

　ア　その発行済株式又は出資（その有する自己の株式又は出資
　　　を除く。）の総数又は総額の2分の1以上が同一の大規模法人

（資本金の額若しくは出資金の額が1億円を超える法人、資本若しくは出資を有しない法人のうち常時使用する従業員の数が1,000人を超える法人又は次に掲げる法人をいい、中小企業投資育成株式会社を除く。イにおいて同じ。）の所有に属している法人

（ア）大法人（次に掲げる法人をいう。）との間に当該大法人による完全支配関係（法人税法2条12号の7の6に規定する完全支配関係をいう。）がある普通法人

    a　資本金の額又は出資金の額が5億円以上である法人

    b　保険業法2条5項に規定する相互会社及び同条10項に規定する外国相互会社のうち、常時使用する従業員の数が1,000人を超える法人

    c　法人税法4条の3に規定する受託法人

（イ）普通法人との間に完全支配関係がある全ての大法人が有する株式（投資信託及び投資法人に関する法律2条14項に規定する投資口を含む。）及び出資の全部を当該全ての大法人のうちいずれか一の法人が有するものとみなした場合において当該いずれか一の法人と当該普通法人の間に当該いずれか一の法人による完全支配関係があることとなるときの当該普通法人（（ア）に掲げる法人を除く。）

イ　アに掲げるもののほか、その発行済株式又は出資の総数又は総額の3分の2以上が大規模法人の所有に属している法人

ウ　他の通算法人のうちいずれかの法人が次に掲げる法人に該当しない場合における通算法人

（ア）資本金の額又は出資金の額が1億円以下の法人のうちア及びイに掲げる法人以外の法人

（イ）資本又は出資を有しない法人のうち常時使用する従業員の

　　　数が 1,000 人以下の法人

(2)　農業協同組合等
- ・農業協同組合
- ・農業協同組合連合会
- ・中小企業等協同組合
- ・出資組合である商工組合及び商工組合連合会
- ・内航海運組合
- ・内航海運組合連合会
- ・出資組合である生活衛生同業組合
- ・漁業協同組合
- ・漁業協同組合連合会
- ・水産加工業協同組合
- ・水産加工業協同組合連合会
- ・森林組合
- ・森林組合連合会

(3)　中小企業者であるかどうかの判定の時期
　措置法 42 条の 12 の 5 第 2 項の規定の適用上、法人が同項に規定する中小企業者に該当するかどうかの判定（同法 42 条の 4 第 19 項 8 号に規定する適用除外事業者に該当するかどうかの判定を除く。）は、措置法 42 条の 12 の 5 第 2 項の規定の適用を受ける事業年度終了の時の現況によることとされています（措通 42 の 12 の 5 － 1）。

15　調整前法人税額
　調整前法人税額とは、措置法 42 条の 4 第 19 項 2 号に規定する調整前法人税額をいいます（措法 42 の 12 の 5 ①）。

具体的には、次の各規定を適用しないで計算した場合の法人税の額(国税通則法2条4号に規定する附帯税の額を除く。)をいいます。

① 　措置法42条の4 （試験研究を行った場合の法人税額の特別控除）

② 　同法42条の6第2項及び3項 （中小企業者等が機械等を取得した場合の特別償却又は法人税額の特別控除）

③ 　同法42条の9第1項及び2項 （沖縄の特定地域において工業用機械等を取得した場合の法人税額の特別控除）

④ 　同法42条の10第2項 （国家戦略特別区域において機械等を取得した場合の法人税額の特別控除）

⑤ 　同法42条の11第2項 （国家戦略総合特別区域において機械等を取得した場合の法人税額の特別控除）

⑥ 　同法42条の11の2第2項 （地域経済牽引事業の促進区域内において特定事業用機械等を取得した場合の法人税額の特別控除）

⑦ 　同法42条の11の3第2項 （地方活力向上地域等において特定建物等を取得した場合の法人税額の特別控除）

⑧ 　同法42条の12 （地方活力向上地域等において雇用者の数が増加した場合の法人税額の特別控除）

⑨ 　同法42条の12の2 （認定地方公共団体の寄附活用事業に関連する寄附をした場合の法人税額の特別控除）

⑩ 　同法42条の12の4第2項及び3項 （中小企業者等が特定経営力向上設備等を取得した場合の法人税額の特別控除）

⑪ 　同法42条の12の5 （給与等の支給額が増加した場合の法人税額の特別控除）

⑫ 　同法42条の12の6第2項 （認定特定高度情報通信技術活用設備を取得した場合の法人税額の特別控除）

⑬　同法42条の12の7第4項から6項まで（事業適応設備を取得した場合等の法人税額の特別控除）

⑭　同法42条の14第1項（通算法人の仮装経理に基づく過大申告の場合等の法人税額）

⑮　同法62条1項（使途秘匿金の支出がある場合の課税の特例）

⑯　同法62条の3第1項及び9項（土地の譲渡等がある場合の特別税率）

⑰　同法63条1項（短期所有に係る土地の譲渡等がある場合の特別税率）

⑱　同法66条の7第4項

⑲　同法66条の9の3第3項

⑳　法人税法67条（特定同族会社の特別税率）

㉑　同法68条（所得税額の控除）

㉒　同法69条（外国税額の控除）

㉓　同法69条の2（分配時調整外国税相当額の控除）

㉔　同法70条（仮装経理に基づく過大申告の場合の更正に伴う法人税額の控除）

㉕　同法70条の2（税額控除の順序）

㉖　同法144条（外国法人に係る所得税額の控除）

㉗　同法144条の2（外国法人に係る外国税額の控除）

㉘　同法144条の2の2（外国法人に係る分配時調整外国税相当額の控除）

㉙　同法144条の2の3（税額控除の順序）

㉚　震災税特法17条の2第2項及び3項（特定復興産業集積区域において機械等を取得した場合の法人税額の特別控除等）

㉛　震災税特法17条の2の2第2項及び3項（企業立地促進区域等において機械等を取得した場合の法人税額の特別控除等）

㉜　震災税特法17条の2の3第2項及び3項（避難解除区域等において機械等を取得した場合の法人税額の特別控除等）

㉝　震災税特法17条の3（特定復興産業集積区域において被災雇用者等を雇用した場合の法人税額の特別控除）

㉞　震災税特法17条の3の2（企業立地促進区域等において避難対象雇用者等を雇用した場合の法人税額の特別控除）

㉟　震災特税法17条の3の3（避難解除区域等において避難対象雇用者等を雇用した場合の法人税額の特別控除）

第4章 地方拠点強化税制と賃上げ促進税制との関係

地方拠点強化税制（措法42条の12（地方活力向上地域等におい
て雇用者の数が増加した場合の法人税額の特別控除））の規定の適
用を受ける場合の税額控除額は次のように計算します。

　（注）地方拠点強化税制については、第7章で詳しく解説します。

　措置法42条の12の5第1項の規定する税額控除も同条2項に規
定する税額控除も控除対象雇用者給与等支給増加額の15％（割合
が加算される場合には加算された割合）が税額控除の金額となりま
すが、いずれの場合にも、措置法42条の12の規定の適用を受ける
場合には、税額控除の割合を乗ずる「控除対象雇用者給与等支給増
加額」は、「控除対象雇用者給与等支給増加額から措置法42条の
12の規定による控除を受ける金額の計算の基礎となった者に対す
る給与等の支給額として政令（措令27の12の5③④）で定めると
ころにより計算した金額を控除した残額」になります。

1　措置法42条の12の5第1項の場合

　措置法42条の12の5第1項の場合の「政令で定めるところによ
り計算した金額」は、適用事業年度に係る同条3項6号イに規定す
る雇用者給与等支給額を適用事業年度終了の日における措置法42
条の12第6項3号に規定する雇用者の数で除して計算した金額に
次の（1）及び（2）の数を合計した数（当該合計した数が地方事業
所基準雇用者数（同条1項2号イに規定する地方事業所基準雇用者
数をいう。）を超える場合には地方事業所基準雇用者数）を乗じて
計算した金額の20％に相当する金額です。

　※　措置法42条の12の5第3項6号イに規定する雇用者給与
　　等支給額
　措置法42条の12の5第3項6号イに規定する「雇用者給与等支

給額」というのは、「雇用者給与等支給額」から「当該雇用者給与
等支給額」の計算の基礎となる給与等に充てるための雇用安定助成
金額（国又は地方公共団体から受ける雇用保険法62条1項1号に
掲げる事業として支給が行われる助成金その他これに類するものを
いう。）がある場合には当該雇用安定助成金額を控除した金額をい
います（措法42の12の5③六イ）。

　そして、措置法42条の12の5第3項における「雇用者給与等支
給額」というのは、「法人の適用事業年度の所得の金額の計算上損
金の額に算入される国内雇用者に対する給与等の支給額」をいい（同
項9号）、同項9号にいう「給与等の支給額」というのは、その給
与等に充てるため他の者から支払を受ける金額（雇用安定助成金額
を除く。）がある場合には、当該金額を控除した金額をいいます（同
項4号）。

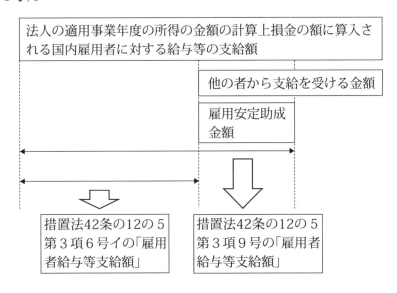

※　雇用者

　　ここでいう「雇用者」とは、措置法42条の12第6項3号に規定する雇用者をいうので、法人の使用人のうち一般被保険者（雇用保険法60条の2第1項に規定する一般被保険者をいう。）に該当するものをいいます。そして、使用人から、その法人の役員と特殊の関係のある者及び法人の使用人としての職務を有する役員を除くこととされています。

(1) 適用事業年度において措置法42条の12第1項の規定の適用を受ける場合における適用事業年度の特定新規雇用者基礎数と当該適用事業年度の特定非新規雇用者基礎数を合計した数

　すなわち、適用事業年度における措置法42条の12第1項の規定の適用による税額控除限度額の計算の基礎となった雇用者の数です。

※　特定新規雇用者基礎数

　　特定新規雇用者基礎数とは、措置法42条の12第1項2号イに規定する特定新規雇用者基礎数をいいます。

　　すなわち、適用事業年度の地方事業所基準雇用者数（措法42の12⑥六）（地方事業所基準雇用者数が基準雇用者数を超える場合には基準雇用者数）のうち適用事業年度の特定新規雇用者数（措法42の12⑥八）に達するまでの数をいいます。

※　措置法42条の12第1項2号イに規定する地方事業所基準雇用者数

　　措置法42条の12第6項6号は、「地方事業所基準雇用者数」

を、適用事業年度開始の日から起算して２年前の日から適用事業年度終了の日までの間に地方活力向上地域等特定業務施設整備計画について計画の認定を受けた法人の当該計画の認定に係る特定業務施設（適用対象特定業務施設）のみを当該法人の事業所とみなした場合における基準雇用者数として政令で定めるところにより証明がされた数をいうと規定しています。

　措置法42条の12第１項２号イに規定する地方事業所基準雇用者数は、当該地方事業所基準雇用者数が適用事業年度の基準雇用者数を超える場合には、当該基準雇用者数をいうことになります。

※　基準雇用者数

　措置法42条の12第６項５号は、「基準雇用者数」を、適用事業年度終了の日における雇用者の数から当該適用事業年度開始の日の前日における雇用者（適用事業年度終了の日において高年齢雇用者（同項４号）に該当する者を除く。）の数を減算した数をいうと規定しています。

※　特定新規雇用者数

　措置法42条の12第６項８号は、「特定新規雇用者数」を、適用事業年度（当該適用事業年度が計画の認定を受けた日を含む事業年度である場合には、同日から当該事業年度終了の日までの期間）に新たに雇用された特定雇用者（同項７号）で当該適用事業年度終了の日において適用対象特定業務施設に勤務するものの数として政令で定めるところにより証明がされた数をいうと規定しています。

※　特定雇用者

　　措置法 42 条の 12 第 6 項 7 号は、「特定雇用者」を次に掲げ
る要件を満たす雇用者をいうと規定しています。

①　その法人との間で労働契約法 17 条 1 項に規定する有期労
　　働契約以外の労働契約を締結していること

②　短時間労働者及び有期雇用労働者の雇用管理の改善等に関
　　する法律 2 条 1 項に規定する短時間労働者でないこと

※　特定非新規雇用者基礎数

　　特定非新規雇用者基礎数とは、適用事業年度の地方事業所基
準雇用者数から当該適用事業年度の新規雇用者総数を控除した
数のうち当該適用事業年度の特定非新規雇用者数に達するまで
の数をいいます（措法 42 の 12 ①二ロ）。

※　特定非新規雇用者数

　　特定非新規雇用者数とは、適用事業年度（当該適用事業年度
が計画の認定を受けた日を含む事業年度である場合には、同日
から当該適用事業年度終了の日までの期間）において他の事業
所から適用対象特定業務施設に転勤した特定雇用者（新規雇用
者を除く。）で当該適用事業年度終了日において当該適用対象
特定業務施設に勤務するものの数として政令で定めるところに
より証明された数をいいます（措法 42 の 12 ⑥十一）。

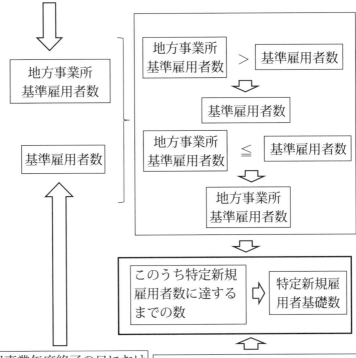

(2) 当該法人が当該適用事業年度において措置法42条の12第2項の規定の適用を受ける場合における当該適用事業年度の同条6項12号に規定する移転型地方事業所基準雇用者数から当該法人が当該適用事業年度において同条1項の適用を受ける場合における当該適用事業年度の次に掲げる数を合計した数を控除した数

① 特定新規雇用者基礎数のうち措置法42条の12第6項9号に規定する移転型特定新規雇用者数に達するまでの数

② 特定非新規雇用者基礎数のうち措置法42条の12第1項2号ロに規定する移転型特定非新規雇用者基礎数に達するまでの数

※ 移転型地方事業所基準雇用者数

　移転型地方事業所基準雇用者数とは、移転型適用対象特定業務施設のみを法人の事業所とみなした場合における基準雇用者数として政令で定めるところにより証明がされた数をいいます（措法42の12⑥十二）。

※ 移転型特定新規雇用者数

　移転型特定新規雇用者数とは、適用事業年度（当該適用事業年度が計画の認定を受けた日を含む事業年度である場合には、同日から当該適用事業年度終了の日までの期間）に新たに雇用された特定雇用者で当該適用事業年度終了の日において移転型適用対象特定業務施設（地域再生法17条の2第1項1号に掲げる事業に関する地方活力向上地域等特定業務施設整備計画について計画の認定を受けた法人の当該計画の認定に係る適用対象特定業務施設をいう。）に勤務するものの数として政令で定めるところにより証明がされた数をいいます（措法42の12⑥

九）。

※　特定非新規雇用者基礎数

　　特定非新規雇用者基礎数とは措置法 42 条の 12 第 1 項 2 号ロ
に規定する特定非新規雇用者基礎数をいい（措令 27 の 12 の 5
③一）、当該法人の当該適用事業年度の地方事業所基準雇用者
数から当該適用事業年度の新規雇用者総数を控除した数のうち
当該適用事業年度の特定非新規雇用者数に達するまでの数をい
います（措法 42 の 12 ①ニロ）。

※　移転型特定非新規雇用者基礎数

　　移転型特定非新規雇用者基礎数とは、適用事業年度の移転型
地方事業所基準雇用者数から当該適用事業年度の移転型新規雇
用者総数を控除した数のうち当該適用事業年度の移転型特定非
新規雇用者数に達するまでの数をいいます（措法 42 の 12 ①ニ
ロ）。

※　移転型地方事業所基準雇用者数

　　移転型地方事業所基準雇用者数とは、移転型適用対象特定業
務施設のみを法人の事業所とみなした場合における基準雇用者
数として政令で定めるところにより証明された数をいいます
（措法 42 の 12 ⑥十二）。

※　移転型新規雇用者総数

　　移転型新規雇用者総数とは、適用事業年度（当該適用事業年
度が計画の認定を受けた日を含む事業年度である場合には同日
から当該適用事業年度終了の日までの期間）に新たに雇用され

た雇用者で当該適用事業年度終了の日において移転型適用対象特定業務施設に勤務するものの数をいいます（措法42の12⑥十三）。

※　移転型特定非新規雇用者数

移転型特定非新規雇用者数とは、適用事業年度（当該適用事業年度が計画の認定を受けた日を含む事業年度である場合には、同日から当該適用事業年度終了の日までの期間）において他の事業所から移転型適用対象特定業務施設に転勤した特定雇用者（新規雇用者を除く。）で当該適用事業年度終了の日において当該移転型適用対象特定業務施設に勤務するものの数として政令で定める数をいいます（措法42の12⑥十四）。

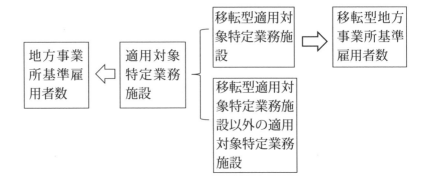

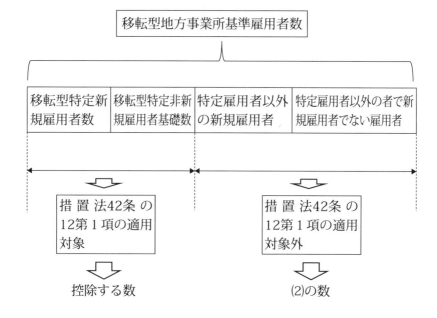

2　措置法42条の12の5第2項の場合

　措置法施行令27条の12の5第4項は、同条3項の規定は、措置法42条の12の5第2項に規定する政令で定めるところにより計算した金額について準用すると規定しています。

　この場合において、措置法施行令27条の12の5第3項中「同項の法人」とあるのは「同条第2項に規定する中小企業者等」と、同項各号中「当該法人」とあるのは「当該中小企業者等」と読み替えるものとすると規定しています。

　令和4年改正前の措置法42条の12の5第1項は、控除対象新規雇用者給与等支給額を基準に税額控除の金額を算出し、同条2項は、控除対象雇用者給与等支給増加額を基準に税額控除の金額を算出していたので、同条1項の場合と2項の場合で、控除対象新規雇用者給与等支給額（同条1項の場合）あるいは控除対象雇用者給与等支

給増加額（同条2項の場合）から控除する「当該事業年度において措置法42条の12の規定の適用を受ける場合における同条の規定による控除を受ける金額の計算の基礎となった者に対する給与等の支給額として政令で定めるところにより計算した金額」の計算方法も異なっていました。

　令和4年の改正後は、措置法42条の12の5第1項の場合も、2項の場合も、「控除対象雇用者給与等支給増加額」を基準に税額控除の金額を計算することになったので、控除対象雇用者給与等支給増加額から控除する「当該事業年度において措置法42条の12の規定の適用を受ける場合における同条の規定による控除を受ける金額の計算の基礎となった者に対する給与等の支給額として政令で定めるところにより計算した金額」の計算方法も、措置法42条の12の5第1項の場合と2項の場合とで異ならないことになりました。

第5章 法人住民税の法人税割と賃上げ促進税制

1 大法人の法人住民税の課税標準は賃上げ促進税制適用前の法人税額

内国法人の法人住民税の法人税割の課税標準は法人税額とされています（地法23①四、292①四）。

地方税法23条1項4号は、道府県民税における「法人税額」の定義をしていますが、同号は、道府県民税における「法人税額」を「法人税法その他法人税に関する法令の規定により計算した法人税額」で措置法42条の12の5の規定の適用を受ける前のものをいうと規定しています。また、同法292条1項4号は、市町村民税における「法人税額」について、同法23条1項4号と同内容を規定しています。

したがって、法人住民税の法人税割を計算する際の課税標準は、措置法42条の12の5の規定を適用する前の法人税額ということになります。

2 中小企業者等の法人住民税の課税標準は賃上げ促進税制適用後の法人税額

地方税法附則8条8項は、中小企業者等の令和4年4月1日から令和6年3月31日までの間に開始する各事業年度の法人の道府県民税及び市町村民税に限り、当該事業年度の法人税額について租税特別措置法42条の12の5第1項の規定により控除された金額がある場合における地方税法23条1項4号及び292条1項4号の規定の適用については、これらの規定中「第42条の12の5」とあるのは、「第42条の12の5第2項」とすると規定しています。

また、地方税法附則8条9項は、中小企業者等の平成30年4月1日から令和6年3月31日までの間に開始する各事業年度の法人の道府県民税及び市町村民税に限り、当該事業年度の法人税額につ

いて租税特別措置法42条の12の5第2項の規定により控除された
金額がある場合における地方税法23条1項4号及び292条1項4
号の規定の適用については、これらの規定中「第42条の12の5」
とあるのは、「第42条の12の5第1項」とすると規定しています。

　したがって、中小企業者等については、これらの地方税法附則の
規定により、法人住民税の法人税割の課税標準となる法人税額は、
措置法42条の12の5の適用後の法人税額ということになります。

第6章 賃上げ促進税制の手続的要件

1　他の税制措置との適用関係

以下の制度とは選択適用になります。

・　特定復興産業集積区域において被災雇用者等を雇用した場合
の法人税額の特別控除制度

・　避難解除区域等において避難対象雇用者等を雇用した場合の
法人税額の特別控除制度

・　企業立地促進区域等において避難対象雇用者等を雇用した場
合の法人税額の特別控除制度

2　添付書類等

(1) この制度の適用を受けるためには、確定申告書等（この制度に
より控除を受ける金額を増加させる修正申告書又は更正請求書
を提出する場合には、当該修正申告書又は更正請求書を含む。）
に控除の対象となる控除対象雇用者給与等支給増加額（措置法
42条の12の5第1項の規定の適用を受ける場合には継続雇用
者給与等支給額及び継続雇用者比較給与等支給額を含む。）、控
除を受ける金額及び当該金額の計算に関する明細を記載した書
類の添付が要件になります。

　　この場合において、控除される金額の計算の基礎となる控除
対象雇用者給与等支給増加額は、確定申告書等に添付された書
類に記載された控除対象雇用者給与等支給増加額が限度となり
ます（措法42の12の5⑤）。

※　確定申告書等

　　法人税法2条30号に規定する中間申告書で同法72条1項各
号（仮決算をした場合の中間申告書の記載事項等）に掲げる事

項を記載したもの及び同法 144 条の 4 第 1 項各号又は 2 項各号
（仮決算をした場合の中間申告書の記載事項等）に掲げる事項
を記載したもの並びに同法 2 条 31 号に規定する確定申告書を
いいます（措法 2 ②二十八）。

　そして、法人税法 2 条 31 号の確定申告書には期限後申告書
を含みます。

※　法人税法 2 条 31 号
　法人税法 2 条 31 号は、「確定申告書」を法人税法 74 条 1 項
（確定申告）又は同法 144 条の 6 第 1 項若しくは 2 項（確定申告）
の規定による申告書（当該申告書に係る期限後申告書を含む。）
と規定しています。

　この「控除対象雇用者給与等支給増加額」については、確定
申告書等に添付された書類に記載された「控除対象雇用者給与
等支給増加額」が限度になり、ここでいう「確定申告書等」に
は、「修正申告書」及び「更正請求書」は含まれず、「期限後申
告書」は含まれます。

　換言すると、「控除対象雇用者給与等支給増加額」について、
少なく誤って確定申告書等を作成し申告してしまった場合に
は、この金額を増額し正しい金額で税額控除を計算し直して更
正の請求及び修正申告をすることはできないということです。

　一方、措置法 42 条の 12 の 5 第 1 項を適用する場合も、同条
2 項を適用する場合も、税額控除の金額は、調整前法人税額の
20％に相当する金額が上限とされています。調整前法人税額が
変動し（例えば、税務調査で、所得金額が増加したような場合）、
結果として税額控除の金額が変動するという場合があります
が、このような場合には、確定申告書等に添付された書類に記

載された「控除対象雇用者給与等支給増加額」を動かさない範囲で、納付すべき法人税額を再計算して修正申告や更正の請求をすることはできるということなります。

　この場合には、修正申告書、更正請求書に控除の対象となる控除対象雇用者給与等支給増加額、控除を受ける金額及び当該金額の計算に関する明細を記載した書類の添付が必要であるということになります。

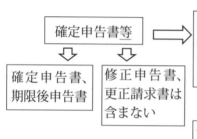

```
┌──────────────────┐      ┌────────────────────────┐
│   確定申告書等     │ ⇒   │ 控除の対象となる控除対象雇用者│
└──────────────────┘      │ 給与等支給増加額、控除を受ける│
   ⇩        ⇩            │ 金額及び当該金額の計算に関する│
┌────────┐ ┌────────┐    │ 明細を記載した書類を添付する │
│確定申告書、│ │修正申告書、│    └────────────────────────┘
│期限後申告書│ │更正請求書は│              ⇩
└────────┘ │含まない  │    ┌────────────────────────┐
           └────────┘    │ 修正申告、更正の請求の場合には、│
                         │ 確定申告書等に添付した明細書に │
                         │ 記載した、「控除対象雇用者給与等│
                         │ 支給増加額」が限度になる    │
                         └────────────────────────┘
```

(2) 措置法 42 条の 12 の 5 第 1 項 2 号又は 2 項 2 号に掲げる要件を満たすものとして同条 1 項又は 2 項の規定の適用を受ける場合には、措置法施行令 27 条の 12 の 5 第 10 項各号に定める費用の明細を記載した書類として財務省令で定める書類を保存しなければならないこととされています（措令 27 の 12 の 5⑪）。

　令和 4 年改正前には、費用の明細を記載した書類として財務省令で定める書類を確定申告書等に添付しなければならないこととされていました（改正前の措令 27 の 12 の 5⑬）が、令和 4 年の改正により、添付義務はなくなりました。

　措置法施行規則 20 条の 10 第 5 項は、措置法施行令 27 条の 12 の 5 第 11 項に規定する財務省令で定める書類は、措置法 42

条の12の5第1項又は2項の規定の適用を受けようとする事業年度の所得の金額の計算上損金の額に算入される同条1項2号に規定する教育訓練費の額及び当該事業年度における同条3項8号に規定する比較教育訓練費の額に関する次に掲げる事項を記載した書類とすると規定しています。

1号　措置法施行令27条の12の5第10項各号に定める費用に係る教育訓練等の実施時期

2号　当該教育訓練等の内容

3号　当該教育訓練等の対象となる措置法42条の12の5第3項2号に規定する国内雇用者の氏名

4号　その費用を支出した年月日、内容及び金額並びに相手先の氏名又は名称

※　1号、2号及び4号は、該当性の判定のために特定、照合ができる程度（例えば、実施時期であれば月まで等）で十分であると考えられます。

また、3号は、教育訓練等を受ける予定者の氏名又は実際に受けた者の氏名等を記載します。

なお、明細書の様式は定められていません。

3　適用除外

設立事業年度、合併による解散以外の解散の日を含む事業年度及び清算中の各事業年度については、措置法42条の12の5第1項、2項ともに適用はできません。

※　設立事業年度

設立事業年度とは、設立の日（法人税法2条4号に規定する

外国法人にあっては恒久的施設を有することとなった日とし、公益法人等及び人格のない社団等にあっては新たに収益事業を開始した日とし、公益法人等（収益事業を行っていないものに限る。）に該当していた普通法人又は協同組合等にあっては当該普通法人又は協同組合等に該当することとなった日とする。）を含む事業年度をいいます（措法42の12の5③一）。

第7章

地方拠点強化税制の概要

本章では、第4章で触れた地方拠点強化税制、つまり措置法42条の12の税額控除（地方活力向上地域等において雇用者の数が増加した場合の法人税額の特別控除）について、その概要を示すこととします。

1 措置法42条の12第1項の制度の概要

認定事業者が適用事業年度において次の（1）の要件を満たす場合には、当該法人の当該適用事業年度の所得に対する調整前法人税額（措置法42条の4第19項2号に規定する調整前法人税額をいう。）から、（2）に掲げる金額（税額控除限度額）を控除します。

この場合において、当該税額控除限度額が法人の適用事業年度の所得に対する調整前法人税額の20％に相当する金額を超えるときは、その控除を受ける金額は当該20％に相当する金額を限度とします。

（1）次に掲げる全ての要件

① 雇用保険法5条1項に規定する適用事業を行い、かつ、他の法律により業務の規制及び適正化のための措置が講じられている事業として政令で定める事業を行っていないこと（措法42の12①一）。

② 適用を受けようとする事業年度及び当該事業年度開始の日前1年以内に開始した各事業年度において、当該法人に離職者（当該法人の雇用者又は高年齢雇用者であった者で、当該法人の都合によるものとして財務省令で定める理由によって離職（雇用保険法4条2項に規定する離職をいう。）をしたものをいう。）がいないことにつき政令で定めるところにより証明がされたこと（当該法人が通算法人である場合における当該法人の対象事

業年度（当該法人に係る通算親法人の事業年度終了の日に終了するものに限る。）にあっては、当該対象事業年度終了の日において当該法人との間に通算完全支配関係がある他の通算法人の同日に終了する事業年度及び当該事業年度開始の日前1年以内に開始した各事業年度において当該他の通算法人に離職者がいないことにつき政令で定めるところにより証明がされたこと）（措法42の12⑧）。

（2）次に掲げる金額の合計額

① 30万円に特定新規雇用者基礎数を乗じて計算した金額

移転型特定新規雇用者数がある場合には、20万円に当該特定新規雇用者基礎数のうち当該移転型特定新規雇用者数に達するまでの数を乗じて計算した金額を加算した金額になります。

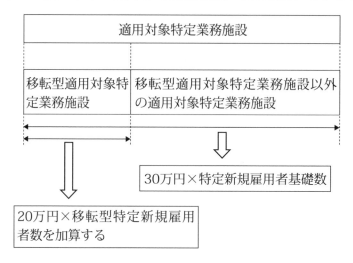

② 20万円に、特定非新規雇用者基礎数を乗じて計算した金額（移転型特定非新規雇用者基礎数が零を超える場合には20万円に、当該特定非新規雇用者基礎数のうち当該移転型特定非新規

雇用者基礎数に達するまでの数を乗じて計算した金額を加算した金額）

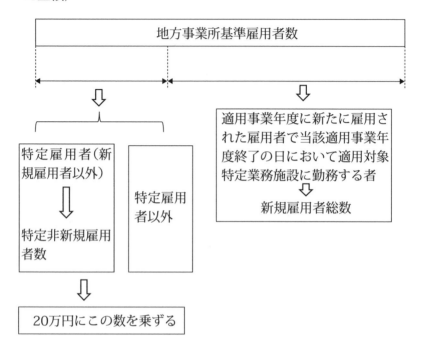

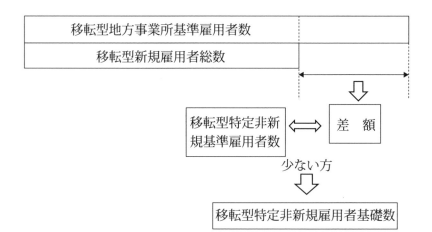

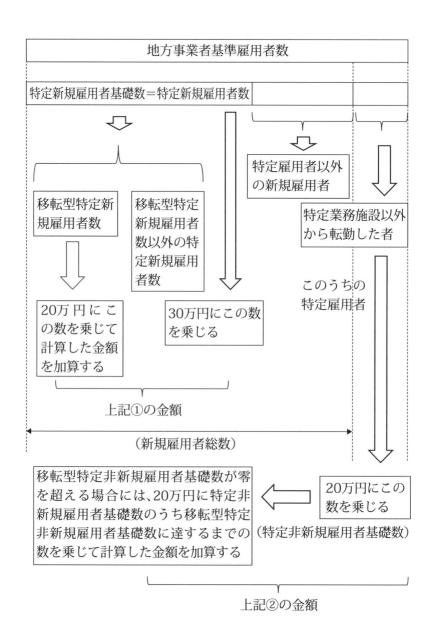

2　用語の意味

(1) 認定事業者

　青色申告書を提出する法人のうち、地域再生法 17 条の 2 第 4 項に規定する認定事業者で、地域再生法の一部を改正する法律（平成27 年法律第 49 号）の施行の日から令和 6 年 3 月 31 日までの間に同条 1 項に規定する地方活力向上地域等特定業務施設整備計画について同条 3 項の認定（計画の認定）を受けた法人をいいます（措法42 の 12 ①）。

(2) 地方活力向上地域等特定業務施設整備計画

　地域再生法 17 条の 2 第 1 項に規定する地方活力向上地域等特定業務施設整備計画をいいます（措法 42 の 12 ①）。

(3) 特定新規雇用者基礎数

　適用事業年度の地方事業所基準雇用者数（地方事業所基準雇用者数が適用事業年度の基準雇用者数を超える場合には、基準雇用者数）のうち適用事業年度の特定新規雇用者数に達するまでの数をいいます（措法 42 の 12 ①二イ）。

(4) 雇　用　者

　法人の使用人（当該法人の役員（法人税法 2 条 15 号に規定する役員をいう。）と政令で定める特殊の関係のある者及び当該法人の使用人としての職務を有する役員を除く。）のうち一般被保険者（雇用保険法 60 条の 2 第 1 項 1 号に規定する一般被保険者をいう。）に該当する者をいいます（措法 42 の 12 ⑥三）。

(5) 高年齢雇用者

　法人の使用人のうち高年齢被保険者（雇用保険法37条の2第1項に規定する高年齢被保険者をいう。）に該当するものをいいます（措法42の12⑥四）。

(6) 基準雇用者数

　適用事業年度終了の日における雇用者の数から当該適用事業年度開始の日の前日における雇用者（当該適用事業年度終了の日において高年齢雇用者に該当する者を除く。）の数を減算した数をいいます（措法42の12⑥五）。

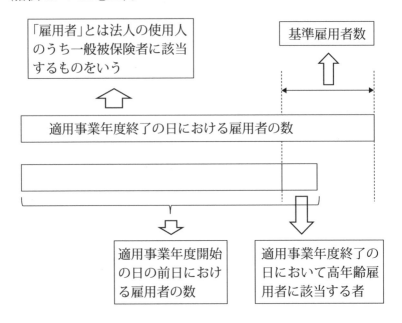

(7) 地方事業所基準雇用者数

　適用対象特定業務施設のみを当該法人の事業所とみなした場合における基準雇用者数として政令で定めるところにより証明がされた

数をいいます（措法 42 の 11 ⑥六）。

(8) 特定業務施設

　地域再生法5条4項5号に規定する特定業務施設で、同法 17 条
の2第6項に規定する認定地方活力向上地域等特定業務施設整備計
画に係る計画の認定をした同条第1項に規定する認定都道府県知事
が作成した同法8条1項に規定する認定地域再生計画に記載されて
いる同号イ又はロに掲げる地域（当該認定地方活力向上地域等特定
業務施設整備計画が同法 17 条の2第1項2号に掲げる事業に関す
るものである場合には、同号に規定する地方活力向上地域）におい
て当該認定地方活力向上地域等特定業務施設整備計画に従って整備
されたものをいいます（措法 42 の 12 ⑥二）。

(9) 適用対象特定業務施設

　適用事業年度開始の日から起算して2年前の日から当該適用事業
年度終了の日までの間に地方活力向上地域等特定業務施設整備計画
について計画の認定を受けた法人の当該計画の認定に係る特定業務
施設をいいます（措法 42 の 12 ⑥六）。

(10) 特定新規雇用者数

　適用事業年度（当該適用事業年度が計画の認定を受けた日を含む
事業年度である場合には、同日から当該年度終了の日までの期間）
に新たに雇用された特定雇用者で当該適用事業年度終了の日におい
て適用対象特定業務施設に勤務するものの数として政令で定めると
ころにより証明がされた数をいいます（措法 42 の 12 ⑥八）。

（11） 特定雇用者

次に掲げる要件を満たす雇用者をいいます（措法 42 の 12 ⑥七）。

① その法人との間で労働契約法 17 条 1 項に規定する有期労働契約以外の労働契約を締結していること。

② 短時間労働者及び有期雇用労働者の雇用管理の改善等に関する法律 2 条 1 項に規定する短時間労働者でないこと。

（12） 特定新規雇用者基礎数

当該法人の当該適用事業年度の地方事業所基準雇用者数（当該地方事業所基準雇用者数が当該適用事業年度の基準雇用者数を超える場合には当該基準雇用者数）のうち当該適用事業年度の特定新規雇用者数に達するまでの数をいいます（措法 42 の 12 ①二イ）。

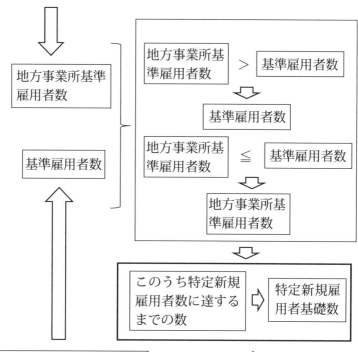

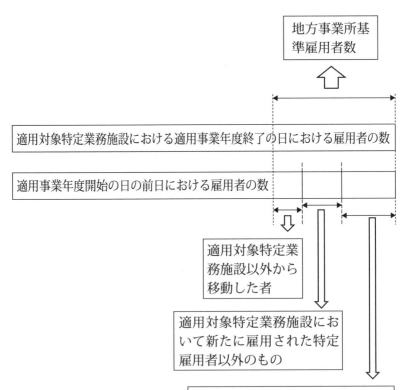

地方事業所基準雇用者数

適用対象特定業務施設における適用事業年度終了の日における雇用者の数

適用事業年度開始の日の前日における雇用者の数

適用対象特定業務施設以外から移動した者

適用対象特定業務施設において新たに雇用された特定雇用者以外のもの

適用対象特定業務施設において適用事業年度(当該適用事業年度が計画の認定を受けた日を含む事業年度である場合には、同日から適用事業年度終了までの期間)に新たに雇用された特定雇用者で当該適用事業年度終了の日において当該適用対象特定業務施設に勤務するもの

特定新規雇用者数

（13）移転型特定新規雇用者数

　適用事業年度（当該適用事業年度が計画の認定を受けた日を含む事業年度である場合には、同日から当該適用事業年度終了の日までの期間）に新たに雇用された特定雇用者で当該適用事業年度終了の日において移転型適用対象特定業務施設に勤務するものの数として政令で定めるところにより証明がされた数をいいます（措法42の12⑥九）。

（14）移転型適用対象特定業務施設

　地域再生法17条の2第1項1号に掲げる事業に関する地方活力向上地域等特定業務施設整備計画について計画の認定を受けた法人の当該計画の認定に係る適用対象特定業務施設をいいます（措法42の12⑥九）。

（15）特定非新規雇用者基礎数

　法人の適用事業年度の地方事業所基準雇用者数（当該地方事業所基準雇用者数が当該適用事業年度の基準雇用者数を超える場合には当該基準雇用者数）から適用事業年度の新規雇用者総数を控除した数のうち当該適用事業年度の特定非新規雇用者数に達するまでの数をいいます（措法42の12①二イ・ロ）。

（16）新規雇用者総数

　新規雇用者の総数として政令で定めるところにより証明がされた数をいいます（措法42の12⑥十）。

（17）新規雇用者

　適用事業年度（当該適用事業年度が計画の認定を受けた日を含む

事業年度である場合には、同日から当該適用事業年度終了の日までの期間）に新たに雇用された雇用者で当該適用事業年度終了の日において適用対象特定業務施設に勤務するものをいいます（措法42の12⑥十）。

(18) 特定非新規雇用者数

適用事業年度（当該適用事業年度が計画の認定を受けた日を含む事業年度である場合には、同日から当該適用事業年度終了の日までの期間）において他の事業所から適用対象特定業務施設に転勤した特定雇用者（新規雇用者を除く。）で当該適用事業年度終了の日において適用対象特定業務施設に勤務するものの数として政令で定めるところにより証明がされた数をいいます（措法42の12⑥十一）。

(19) 移転型特定非新規雇用者基礎数

適用事業年度の移転型地方事業所基準雇用者数から適用事業年度の移転型新規雇用者総数を控除した数のうち適用事業年度の移転型特定非新規雇用者数に達するまでの数をいいます（措法42の12①二ロ）。

(20) 移転型地方事業所基準雇用者数

移転型適用対象特定業務施設のみを法人の事業所とみなした場合における基準雇用者数として政令で定めるところにより証明がされた数をいいます（措法42の12⑥十二）。

(21) 移転型新規雇用者総数

適用事業年度（当該適用事業年度が計画の認定を受けた日を含む事業年度である場合には、同日から当該適用事業年度終了の日まで

の期間）に新たに雇用された雇用者で当該適用事業年度終了の日に
おいて移転型適用対象特定業務施設に勤務するものの総数として政
令で定めるところにより証明がされた数をいいます（措法42の12
⑥十三）。

(22) 移転型特定非新規雇用者数

　適用事業年度（当該適用事業年度が計画の認定を受けた日を含む
事業年度である場合には、同日から当該適用事業年度終了の日まで
の期間）において他の事業所から移転型適用対象特定業務施設に転
勤した特定雇用者（新規雇用者を除く。）で適用事業年度終了の日
において当該移転型適用対象特定業務施設に勤務するものの数とし
て政令で定めるところにより証明がされた数をいいます（措法42
の12⑥十四）。

3　措置法42条の12第2項の制度の概要

　青色申告書を提出する法人で認定事業者であるもののうち、措置
法42条の12第1項の規定を受ける又は受けたもの（要件適格法人
を含む。）が、その適用を受ける事業年度（要件適格法人にあって
は措置法42条の11の3第1項の規定又は同条2項の適用を受ける
事業年度）以後の各適用事業年度（当該法人の地方活力向上地域等
特定業務施設整備計画（地域再生法17条の2第1項1号に掲げる
事業に関するものに限る。）について計画の認定を受けた日以後に
終了する事業年度で基準雇用者数又は地方事業所基準雇用者数が零
に満たない事業年度以後の事業年度を除く。）において、措置法42
条の12第1項1号に掲げる要件を満たす場合には、当該法人の適
用事業年度の所得に対する調整前法人税額から、40万円に当該法
人の適用事業年度の地方事業所特別基準雇用者数を乗じて計算した

金額（当該計画の認定に係る特定業務施設が地域再生法5条4項5号ロに規定する準地方活力向上地域内にある場合には、30万円に当該特定業務施設に係る当該法人の適用事業年度の地方事業所特別基準雇用者数を乗じて計算した金額）（地方事業所特別税額控除限度額）を控除します。

この場合において、当該地方事業所特別税額控除限度額が当該法人の当該適用事業年度の所得に対する調整前法人税額の20％に相当する金額（当該適用事業年度において措置法42条の12第1項の規定により調整前法人税額から控除される金額又は同法42条の11の3第2項の規定により調整前法人税額から控除される金額がある場合には、これらの金額を控除した残額）を超えるときは、その控除を受ける金額は、当該20％に相当する金額が限度とされます。

※　要件適格法人

青色申告書を提出する法人で認定事業者であるもののうち、措置法42条の11の3第1項の規定又は2項の規定の適用を受ける事業年度においてその適用を受けないものとしたならば措置法42条の12第1項の規定の適用があるものをいいます。

※　地方事業所特別基準雇用者数

「地方事業所特別基準雇用者数」とは、適用事業年度開始の日から起算して2年前の日から当該適用事業年度終了の日までの間に地方活力向上地域等特定業務施設整備計画のうち地域再生法17条の2第1項1号に掲げる事業に関するものについて計画の認定を受けた法人の適用事業年度及び適用事業年度前の各事業年度のうち、当該計画の認定を受けた日以後に終了する各事業年度の当該法人の当該計画の認定に係る特定業務施設の

みを当該法人の事業所とみなした場合における基準雇用者数と
して政令で定めるところにより証明がされた数の合計数をいい
ます（措法 42 の 12 ⑥十五）。

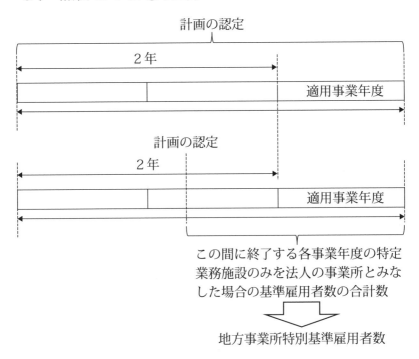

第8章

ケーススタディ

＜ケース＞

① 法人は、平成元年設立で資本金1,000万円の青色申告をしている株式会社である。

② 法人の株式は、すべて代表取締役が個人で持っている。

③ 法人の事業年度は4月1日から翌年の3月31日までである。

④ 法人は、国内に事業所を持っているが、甲国にも事業所を持っている。

⑤ 代表取締役、取締役、監査役以外に、従業員A、B、C、D、E、F、Gがいる。

⑥ 従業員A、B、C、D、E、F、Gの中に、「役員」、「役員の特殊関係者」、「使用人兼務役員」はいない。

⑦ A、B、C、D、Eは法人の国内に所在する事業所に勤務し、いずれも労働基準法108条に規定する賃金台帳に記載されており、雇用保険法60条の2第1項1号に規定する一般被保険者である。また、高年齢者等の雇用の安定等に関する法律9条1項2号に規定する継続雇用制度の対象である者はいない。

FとGは国内における事業所に勤務していないので、国内に所在する事業所につき作成された賃金台帳には記載されていない。

⑧ Aは、令和4年10月に採用され、Bは令和3年9月に採用されている。

⑨ A、B以外の従業員は、令和元年4月1日以前から継続して令和5年3月31日まで継続して法人に勤務している。

⑩ 令和4年3月期の従業員に対する給与の支給額は次のとおりである。

A　0円

　　B　210万円

　　C　600万円

　　D　650万円

　　E　700万円

　　F　800万円

　　G　800万円

⑪　令和5年3月期の従業員に対する給与の支給額は次のとおりである。

　　A　120万円

　　B　360万円

　　C　620万円

　　D　670万円

　　E　720万円

　　F　850万円

　　G　850万円

⑫　雇用安定助成金額が令和4年3月期に500万円、令和5年3月期に400万円ある。

⑬　教育訓練費については、令和4年3月期に、国内に勤務する従業員について200万円、海外に勤務する従業員について150万円を支払った。令和5年3月期には、国内に勤務する従業員について240万円、海外に勤務する従業員について200万円を支払った。

1　国内雇用者

　国内雇用者とは、法人の使用人のうち、国内に所在する事業所につき作成された労働基準法108条に規定する賃金台帳に記載された

者をいいます。

　A、B、C、D、Eは法人の国内に所在する事業所に勤務し、い
ずれも労働基準法108条に規定する賃金台帳に記載されているので
国内雇用者になりますが、FとGについては、国内における事業所
に勤務しておらず国内に所在する事業所につき作成された賃金台帳
に記載されていないので、国内雇用者に該当しません。

　国内雇用者　⇒　A、B、C、D、E

2　雇用者給与等支給額

　雇用者給与等支給額とは、適用事業年度の所得の金額の計算上損
金の額に算入される国内雇用者に対する給与等の支給額をいいま
す。

　その給与等に充てるため他の者から支給を受ける金額がある場合
には当該金額を控除した金額をいいます。

　雇用安定助成金額は、ここでいう「その給与等に充てるため他の
者から支給を受ける金額」に該当しますが、雇用者給与等支給額を
算出する際には、「その給与等に充てるため他の者から支給を受け
る金額」には含めないで計算します。

　したがって、単純に、令和5年3月期のAに対する支給額120万
円（20万円×6月）、Bに対する支給額360万円、Cに対する支給
額620万円、Dに対する支給額670万円、Eに対する支給額720万
円の合計額2,490万円が雇用者給与等支給額ということになります。

3　継続雇用者

　継続雇用者については、措置法施行令27条の12の5第7項が規
定しています。

　「国内雇用者」については、措置法42条の12の5第3項2号が、「法

人の使用人（法人の役員（法人税法2条15号に規定する役員をいう。）と政令で定める特殊の関係のある者及び当該法人の使用人としての職務を有する役員を除く。）のうち当該法人の事業所に勤務する雇用者として政令で定めるものに該当するものをいう」と規定していますが、措置法施行令27条の12の5第7項は、措置法42条の12の5第3項2号に規定する国内雇用者のうち雇用保険法60条の2第1項1号に規定する一般被保険者に該当するもので、高年齢者等の雇用の安定等に関する法律9条1項2号に規定する継続雇用制度の対象者である者として財務省令で定める者以外の者を措置法施行令27条の12の5第7項1号及び2号において「国内雇用者」というと規定した上で、当該法人の国内雇用者として当該適用事業年度及び当該前事業年度の期間内の各月分の当該法人の給与等の支給を受けた者を継続雇用者と規定しています（同項1号）。

　A、B、C、D、Eはいずれも雇用保険法60条の2第1項1号に規定する一般被保険者であり、また、高年齢者等の雇用の安定等に関する法律9条1項2号に規定する継続雇用制度の対象者ではありません。

　したがって、A、B、C、D、Eはいずれも措置法施行令27条の12の5第7項に規定する「国内雇用者」に該当することになります。

　継続雇用者とは、当該法人の国内雇用者（措置法施行令27条の12の5第7項に規定する「国内雇用者」）として当該適用事業年度及び当該前事業年度の期間内の各月分の当該法人の給与等の支給を受けた者をいうものとされています。

　Aについては令和4年10月に採用され、Bは令和3年9月に採用されているので、いずれも、「当該適用事業年度及び当該前事業年度の期間内の各月分の当該法人の給与等の支給を受けた者」とい

う要件を欠くことになります。

その結果、C、D、Eが継続雇用者ということになります。

継続雇用者　⇒　C、D、E

4　継続雇用者給与等支給額

継続雇用者給与等支給額とは、措置法42条の12の5第3項9号に規定する雇用者給与等支給額のうち同項4号に規定する継続雇用者に係る金額をいいます。

措置法42条の12の5第3項9号に規定する雇用者給与等支給額とは、法人の適用事業年度の所得の金額の計算上損金の額に算入される国内雇用者に対する給与等の支給額をいいますが、同項4号は、「給与等の支給額」を、「その給与等に充てるため他の者から支払を受ける金額（国又は地方公共団体から受ける雇用保険法62条1項1号に掲げる事業として支給が行われる助成金その他これに類するものの額を除く。）」がある場合には、当該金額を控除した金額とし、以下同項において同じ、と規定しています（措置法42条の12の5第3項4号）。

したがって、措置法42条の12の5第3項9号に規定する雇用者給与等支給額とは、「その給与等に充てるため他の者から支払を受ける金額」がある場合には、その金額を控除した後の金額をいうことになります。

そして、「国又は地方公共団体から受ける雇用保険法62条1項1号に掲げる事業として支給が行われる助成金その他これに類するもの」がある場合には、「その給与等に充てるため他の者から支払を受ける金額」から「国又は地方公共団体から受ける雇用保険法62条1項1号に掲げる事業として支給が行われる助成金その他これに類するもの」は除かれることになります。

　C、D、Eに対する適用事業年度における給与等の支給額が継続
雇用者給与等支給額になります。令和5年3月期において雇用安定
助成金額が400万円ありますが、「国又は地方公共団体から受ける
雇用保険法62条1項1号に掲げる事業として支給が行われる助成
金その他これに類するもの」がある場合には、「その給与等に充て
るため他の者から支払を受ける金額」から「国又は地方公共団体か
ら受ける雇用保険法62条1項1号に掲げる事業として支給が行わ
れる助成金その他これに類するもの」は除かれるので、結局Cに対
する給与等の支給額620万円、Dに対する給与等の支給額670万円、
Eに対する給与等の支給額720万円の合計2,010万円が継続雇用者
給与等支給額ということになります。

5　継続雇用者比較給与等支給額

　継続雇用者比較給与等支給額とは、継続雇用者に対する前事業年
度の給与等の支給額として政令（措置法施行令27条の12の5第9
項）で定める金額をいいます（措置法42条の12の5第3項5号）。
　適用事業年度の月数と前事業年度の月数が同じ場合には、前事業
年度に係る給与等支給額のうち継続雇用者に係る金額をいいます
（措置法施行令27条の12の5第9項1号）。
　ここでいう「給与等支給額」というのは、措置法42条の12の5
第3項2項に規定する国内雇用者に対する同条3項4号に規定する
支給額をいうこととされています。
　措置法42条の12の5第3項4号に規定する支給額というのは、
「その給与等に充てるため他の者から支払を受ける金額（国又は地
方公共団体から受ける雇用保険法62条1項1号に掲げる事業とし
て支給が行われる助成金その他これに類するものの額を除く。）」が
ある場合には、当該金額を控除した金額をいうこととされているの

で、雇用安定助成金額がある場合でも、これを控除する必要はありません。

　したがって、単純に、Cに対する前事業年度における給与の支給額600万円、Dに対する前事業年度における給与の支給額650万円、Eに対する前事業年度における給与の支給額700万円の合計額1,950万円が継続雇用者比較給与等支給額ということになります。

6　継続雇用者給与等支給増加割合

　継続雇用者給与等支給増加割合とは、継続雇用者給与等支給額から継続雇用者比較給与等支給額を控除した金額の継続雇用者比較給与等支給額に対する割合をいいます（措置法42条の12の5第1項）。

$$継続雇用者給与等支給増加割合 = \frac{継続雇用者給与等支給額 - 継続雇用者比較給与等支給額}{継続雇用者比較給与等支給額}$$

　継続雇用者給与等支給額は2,010万円、継続雇用者比較給与等支給額は1,950万円なので、継続雇用者給与等支給増加割合は、0.03076……ということになります。

$$(2,010 - 1,950) \div 1,950 \fallingdotseq 0.03076……$$

7　比較雇用者給与等支給額

　比較雇用者給与等支給額とは、法人の適用事業年度開始の日の前日を含む事業年度（前事業年度）の所得の金額の計算上損金の額に算入される国内雇用者に対する給与等の支給額をいいます（措置法42条の12の5第3項10号）。

　措置法42条の12の5第3項4号は、同項4号以下の各号においては、「給与等の支給額」は、その給与等に充てるため他の者から支給を受ける金額（国又は地方公共団体から受ける雇用保険法62

条1項1号に掲げる事業として支給が行われる助成金その他これに類するものの額を除く。）がある場合には当該金額を控除した金額をいう、と規定しています。

　したがって、「その給与等に充てるため他の者から支給を受ける金額」がある場合には、比較雇用者給与等支給額を算出する際にこの金額は控除されますが、「その給与等に充てるため他の者から支給を受ける金額」には、「国又は地方公共団体から受ける雇用保険法62条1項1号に掲げる事業として支給が行われる助成金その他これに類するものの額」（雇用安定助成金額）は含まれません。

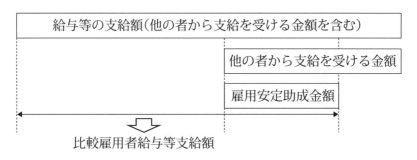

　したがって、単純に、令和4年3月期のAに対する給与等の支給額0円、Bに対する給与等の支給額210万円、Cに対する給与等の支給額600万円、Dに対する給与等の支給額650万円、Eに対する給与等の支給額700万円の合計額2,160万円が比較雇用者給与等支給額ということになります。

8　調整雇用者給与等支給増加額

　調整雇用者給与等支給増加額とは、雇用者給与等支給額から比較雇用者給与等支給額を控除した金額をいいます。調整雇用者給与等支給額を計算する際に用いる「雇用者給与等支給額」、「比較雇用者給与等支給額」は、雇用安定助成金額がある場合には、雇用安定助

成金額を控除した後の金額を使うこととされています（措法42の12の5③六）。

　上記の２及び７で説明したように、「雇用者給与等支給額」、「比較雇用者給与等支給額」というのは、「その給与等に充てるため他の者から支払を受ける金額」がある場合には、雇用安定助成金額以外の「その給与等に充てるため他の者から支払を受ける金額」を控除した後の金額をいうこととされています。

　したがって、雇用安定助成金額を控除した後の「雇用者給与等支給額」、「比較雇用者給与等支給額」というのは、雇用安定助成金額を含む「その給与等に充てるため他の者から支払を受ける金額」を控除した後の金額をいうことになります。

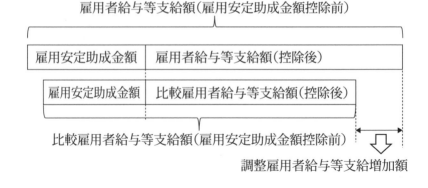

　令和５年３月期にA、B、C、D、Eに支払った給与等の支給額は2,490万円で、雇用安定助成金額が400万円あるので、雇用安定助成金額を控除した後の雇用者給与等支給額は2,090万円になります。

　2,490万円－400万円＝2,090万円

　令和４年３月期にA（支給額は０）、B、C、D、Eに支払った給与等の支給額は2,160万円で、雇用安定助成金額が500万円ある

ので、雇用安定助成金額を控除した後の比較雇用者給与等支給額は
1,660万円になります。

2,160万円 − 500万円 = 1,660万円

そうすると、調整雇用者給与等支給増加額は、2,090万円から1,660
万円を控除した430万円ということになります。

（2,490万円 − 400万円）−（2,160万円 − 500万円）= 430万円

9　控除対象雇用者給与等支給増加額

控除対象雇用者給与等支給増加額とは、雇用者給与等支給額から
比較雇用者給与等支給額を控除した金額をいいますが、当該金額が
調整雇用者給与等支給増加額を超える場合には、当該調整雇用者給
与等支給増加額をいいます。

雇用者給与等支給額は2,490万円（上記2）、比較雇用者給与等
支給額は2,160万円（上記7）です。

また、調整雇用者給与等支給増加額は430万円です（上記8）。

雇用者給与等支給額（2,490万円）から比較雇用者給与等支給額
（2,160万円）を控除した金額は330万円であり、調整雇用者給与等
支給増加額430万円を超えませんので、控除対象雇用者給与等支給
増加額は330万円になります。

2,490万円 − 2,160万円 = 330万円　＜　430万円

控除対象雇用者給与等支給増加額　⟹　330万円

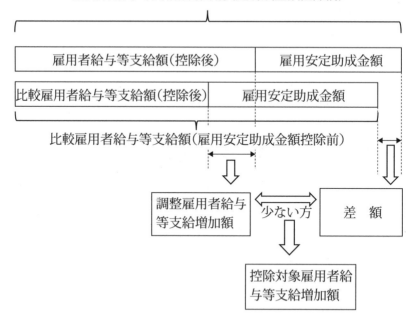

10 教育訓練費

　教育訓練費とは、法人がその国内雇用者の職務に必要な技術又は知識を習得させ、又は向上させるために支出する費用をいいます。

　令和5年3月期において、国内に勤務する従業員について240万円、海外に勤務する従業員について200万円の教育訓練費を支払っていますが、措置法42条の12の5において「教育訓練費」とされるのは、国内に勤務する従業員について支払った240万円です。

11 比較教育訓練費

　比較教育訓練費とは、前事業年度の教育訓練費（1年決算の場合）をいいます。

　前事業年度の教育訓練費ですから、国内雇用者を対象にしたもの

に限られます。

　令和4年3月期において、国内に勤務する従業員について200万円、海外に勤務する従業員について150万円の教育訓練費を支払っていますが、措置法42条の12の5において「比較教育訓練費」とされるのは、国内に勤務する従業員について支払った200万円です。

12　適用要件の検討

(1)　措置法42条の12の5第1項の要件

　措置法42条の12の5第1項の適用要件は、継続雇用者給与等支給増加割合が3％以上であることです。

$$継続雇用者給与等支給増加割合＝\frac{継続雇用者給与等支給額－継続雇用者比較給与等支給額}{継続雇用者比較給与等支給額}$$

　継続雇用者給与等支給増加割合は3.076％（上記6）なので、3％以上という要件は満たしています。

　適用事業年度終了の時において、資本金の額又は出資金の額が10億円以上であり、かつ、常時使用する従業員が1,000人以上である場合には、給与等の支給額の引上げの方針等の公表が適用要件とされていますが、設例の場合にはこの要件は適用要件にはなりません。

(2)　控除の割合が上乗せとなる要件

　次に掲げる要件を満たす場合には、税額控除の割合15％は、15％に次に掲げる割合を加算した割合になります。

　①　継続雇用者給与等支給増加割合が4％以上であること……10％

　②　所得の金額の計算上損金の額に算入される教育訓練費の額

（その教育訓練費に充てるため他の者（その法人が外国法人である場合の法人税法 138 条 1 項 1 号に規定する本店等を含む。）から支払を受ける金額がある場合には、当該金額を控除した金額）からその比較教育訓練費を控除した金額の比較教育訓練費の額に対する割合が 20％以上であること……5％

$$\frac{\text{教育訓練費} \quad - \quad \text{比較教育訓練費}}{\text{比較教育訓練費}} \geqq 20\%$$

　継続雇用者給与等支給増加割合は、3.076％（上記 6）なので、①の要件は満たさないことになります。

　適用事業年度の教育訓練費の金額は 240 万円（上記 10）、比較教育訓練費の金額は 200 万円（上記 11）なので、②の要件は満たしていることになります。

　（240 万円 − 200 万円）÷ 200 万円 = 20％

　したがって、措置法 42 条の 12 の 5 第 1 項を適用する場合の控除対象雇用者給与等支給増加額に乗ずる割合は 15％に 5 ％を加えた 20％ということになります。

(3) 措置法 42 条の 12 の 5 第 2 項の要件

　措置法 42 条の 12 の 5 第 2 項の適用要件は、雇用者給与等支給額から比較雇用者給与等支給額を控除した金額の比較雇用者給与等支給額に対する割合（雇用者給与等支給増加割合）が 1.5％以上であることです。

$$\frac{\text{雇用者給与等支給額} \quad - \quad \text{比較雇用者給与等支給額}}{\text{比較雇用者給与等支給額}} \geqq 1.5\%$$

　雇用者給与等支給額は 2,490 万円（上記 2）、比較雇用者給与等

支給額は 2,160 万円（上記７）なので、この要件は充足します。

（2,490 万円 − 2,160 万円）÷ 2,160 万円 = 15.277%

（4）控除の割合が上乗せとなる要件

　次に掲げる要件を満たす場合には、税額控除の割合15％は、15％に次に掲げる割合を加算した割合になります。

　次の要件の全てを満たす場合には、次に定める割合を合計した割合を加算することになります。

①　雇用者給与等支給増加割合が2.5％以上であること……15％

②　当該中小企業者等の当該事業年度の所得の金額の計算上損金の額に算入される教育訓練費の額からその比較教育訓練費の額を控除した金額の当該比較教育訓練費の額に対する割合が10%以上であること……10%

$$\frac{教育訓練費 \quad - \quad 比較教育訓練費}{比較教育訓練費} \geqq 10\%$$

　雇用者給与等支給増加割合は、15.277%なので、①の要件は充たします。

　適用事業年度の教育訓練費の金額は 240 万円（上記 10）、比較教育訓練費の金額は 200 万円（上記 11）なので、②の要件は満たしていることになります。

（240 万円 − 200 万円）÷ 200 万円 = 20%　＞　10%

　①の要件も②の要件も満たしていますので、税額控除の割合は15%に 15%と 10%を加えた 40%ということになります。

（5）税額控除の金額

　上記（1）から（4）のとおり、措置法 42 条の 12 の 5 第 1 項の適

用も、同条 2 項の適用も受けられることになり、同条 1 項について
は 20％の割合で、同条 2 項については 40％の割合で税額控除を適
用することができます。

　措置法 42 条の 12 の 5 第 1 項の適用を受ける場合の税額控除の金
額は控除対象雇用者給与等支給増加額 330 万円の 20％で 66 万円と
いうことになります。

　措置法 42 条の 12 の 5 第 2 項の適用を受ける場合の税額控除の金
額は、控除対象雇用者給与等支給増加額 330 万円の 40％で 132 万
円ということになります。

　設例の法人は「中小企業者等」に該当するので、措置法 42 条の
12 の 5 第 1 項の適用と 2 項の適用のいずれを選択することもでき
ます（いずれか一方しか選択できない。）。

　したがって、税額控除の金額の多い同条 2 項の適用を受け、132
万円の税額控除を受けることになります。

　なお、措置法 42 条の 12 の 5 の 1 項を適用する場合も、2 項を適
用する場合も、調整前法人税額の 20％に相当する金額が限度にな
ります。

参　考

賃上げを後押しする助成金・補助金

※以下、紹介する助成金・補助金は
令和４年６月現在の情報を基に作
成しています。

業務改善助成金//

1　制度の概要

　業務改善助成金は、中小企業・小規模事業者の生産性向上を支援
し、事業場内で最も低い賃金（事業場内最低賃金）の引上げを図る
ための制度です。生産性向上のための設備投資等（機械設備、コン
サルティング導入や人材育成・教育訓練）を行い、事業場内最低賃
金を一定額以上引き上げた場合、その設備投資などにかかった費用
の一部を助成します。

コース区分	引上げ額	引き上げる労働者数	助成上限額	助成対象事業場	助 成 率
30円コース	30円以上	1人	30万円	以下の2つの要件を満たす事業場 ・事業場内最低賃金と地域別最低賃金の差額が30円以内 ・事業場規模100人以下	【事業場内最低賃金900円未満】 （※2） 4／5 生産性要件を満たした場合は 9／10（※3） 【事業場内最低賃金900円以上】 3／4 生産性要件を満たした場合は 4／5（※3）
30円コース	30円以上	2～3人	50万円		
30円コース	30円以上	4～6人	70万円		
30円コース	30円以上	7人以上	100万円		
30円コース	30円以上	10人以上（※1）	120万円		
45円コース	45円以上	1人	45万円		
45円コース	45円以上	2～3人	70万円		
45円コース	45円以上	4～6人	100万円		
45円コース	45円以上	7人以上	150万円		
45円コース	45円以上	10人以上（※1）	180万円		
60円コース	60円以上	1人	60万円		
60円コース	60円以上	2～3人	90万円		
60円コース	60円以上	4～6人	150万円		
60円コース	60円以上	7人以上	230万円		
60円コース	60円以上	10人以上（※1）	300万円		
90円コース	90円以上	1人	90万円		
90円コース	90円以上	2～3人	150万円		
90円コース	90円以上	4～6人	270万円		
90円コース	90円以上	7人以上	450万円		
90円コース	90円以上	10人以上（※1）	600万円		

（※１）10人以上の上限額区分は、以下の１．又は２．のいずれかに該当する
　　　　事業場が対象となります。
　　　　　１．賃金要件：事業場内最低賃金900円未満の事業場
　　　　　２．生産量要件：売上高や生産量などの事業活動を示す指標の直近
　　　　　　　３か月間の月平均値が前年又は前々年の同じ月に比べて、30％以
　　　　　　　上減少している事業者
（※２）対象は地域別最低賃金900円未満の地域のうち、事業場内最低賃金が
　　　　900円未満の事業場です。（令和４年４月現在）
（※３）ここでいう「生産性」とは、企業の決算書類から算出した、労働者１
　　　　人当たりの付加価値を指します。助成金の支給申請時の直近の決算書
　　　　類に基づく生産性と、その３年度前の決算書類に基づく生産性を比較
　　　　し、伸び率が一定水準を超えている場合等に、加算して支給されます。

２　支給の要件

(1)　賃金引上計画を策定すること

　事業場内最低賃金を一定額以上引き上げる（就業規則等に規定）

(2)　引上げ後の賃金額を支払うこと

(3)　生産性向上に資する機器・設備やコンサルティングの導入、人材育成・教育訓練を実施することにより業務改善を行い、その費用を支払うこと

　　　（①単なる経費削減のための経費、②職場環境を改善するための経費、③通常の事業活動に伴う経費などは除きます。）

(4)　解雇、賃金引下げ等の不交付事由がないこと、など

　その他、申請に当たって必要な書類があります。

３　助成額

　申請コースごとに定める引上げ額以上、事業場内最低賃金を引き上げた場合、生産性向上のための設備投資等にかかった費用に助成率を乗じて算出した額を助成します（千円未満端数切り捨て）。なお、

申請コースごとに、助成対象事業場、引上げ額、助成率、引き上げる労働者数、助成の上限額が定められていますので、ご注意ください。

4 生産性要件

　生産性を向上させた企業が業務改善助成金を利用する場合、その助成率を割増します。生産性を向上させた企業は労働関係助成金が割増されます。

5 生産量要件

　新型コロナウイルス感染症の影響により、生産量（額）又は売上高等の事業活動を示す指標の最近３か月間の平均値が、前年又は前々年同期に比べ、30％以上減少している事業者は賃金を引き上げる労働者数「10人以上」の助成上限額を適用することができます。
※上限額の特例は事業場内最低賃金900円未満の場合も対象となります。
　また、引上げ額を30円以上とする場合は、以下の通り、生産性向上に資する自動車やパソコン等を補助対象として申請することができます。
　　・乗車定員11人以上の自動車及び貨物自動車等
　　・パソコン、スマホ、タブレット等の端末及び周辺機器（新規導入に限る）

　生産量要件に係る特例を適用する場合、事業活動の状況に関する申出書の提出が必要です。

6　業務改善助成金の手続き

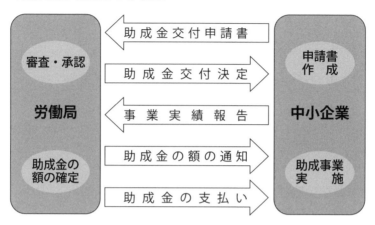

(1)　助成金交付申請書の提出

　業務改善計画（設備投資などの実施計画）と賃金引上計画（事業場内最低賃金の引上計画）を記載した交付申請書（様式第1号）を作成し、都道府県労働局に提出する。

(2)　助成金交付決定通知

　都道府県労働局において、交付申請書の審査を行い、内容が適正と認められれば助成金の交付決定通知を行う。

(3)　業務改善計画と賃金引上計画の実施

　業務改善計画に基づき、設備投資等を行う。

　賃金引上計画に基づき、事業場内最低賃金の引上げを行う。

(4)　事業実績報告書の提出

　業務改善計画の実施結果と賃金引上げ状況を記載した事業実績報告書（様式第9号）を作成し、都道府県労働局に提出する。

(5)　助成金の額の確定通知

　都道府県労働局において、事業実績報告書の審査を行い、内容が適正と認められれば助成金額を確定し、事業主に通知する。

(6) 助成金の支払い

　助成金額の確定通知を受けた事業主は、支払請求書（様式第13号）を提出する。

(注1) 交付申請書を都道府県労働局に提出する前に設備投資等や事業場内最低賃金の引上げを実施した場合は、対象となりません。

(注2) 事業場内最低賃金の引上げは、交付申請書の提出後から事業完了期日までであれば、いつ実施しても構いません。

(注3) 設備投資等の実施及び助成対象経費の支出は、交付決定後に行う必要があります。

7　お問い合わせ先（申請窓口）

　都道府県労働局雇用環境・均等部（室）

　業務改善助成金の申請受付は、各都道府県労働局雇用環境・均等部（室）で行っています。

キャリアアップ助成金//

1 キャリアアップ助成金とは

　有期雇用労働者、短時間労働者、派遣労働者といったいわゆる非正規雇用の労働者（以下、「有期雇用労働者等」という。）の企業内でのキャリアアップを促進するため、正社員化、処遇改善の取組を実施した事業主に対して助成するものです。

正社員化支援	正社員化コース	有期雇用労働者等を正規雇用労働者に転換又は直接雇用
	障害者正社員化コース	障害のある有期雇用労働者等を正規雇用労働者等に転換
処遇改善支援	賃金規定等改定コース	有期雇用労働者等の基本給の賃金規定等を改定し2％以上増額
	賃金規定等共通化コース	有期雇用労働者等と正規雇用労働者との共通の賃金規定等を新たに規定・適用
	賞与・退職金制度導入コース	有期雇用労働者等を対象に賞与・退職金制度を導入し支給又は積立てを実施
	選択的適用拡大導入時処遇改善コース	選択的適用拡大の導入に伴い、短時間労働者の意向を大切に把握し、被用者保険の適用と働き方の見直しに反映させるための取組の実施
	短時間労働者労働時間延長コース	有期雇用労働者等の週所定労働時間を3時間以上延長し、社会保険を適用

2 支給申請までの流れ

・キャリアアップ助成金の活用に当たっては、各コース実施日の前日までに「キャリアアップ計画」（労働組合等の意見を聴いて作成）等を作成し、提出することが必要です。

・計画届及び支給申請に必要な様式は、厚生労働省HP「キャリアアップ助成金」にある申請様式ダウンロードページに掲載してい

ます。

　　当てはまる様式に必要事項を記入いただき、申請してください。
・制度の見直し等によりその都度支給申請様式の改定を行っていま
　す。支給申請様式や支給金額は、各コースの取組を行った日で変
　化しますので、支給申請を行う際は、該当の様式のダウンロード
　をお願いします。

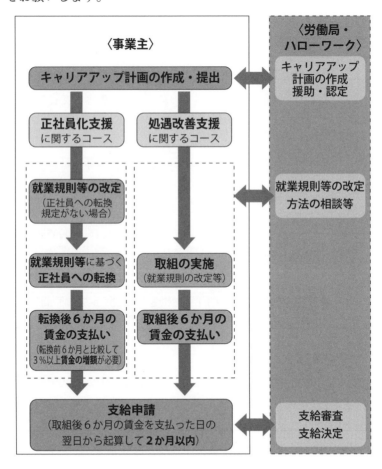

　労働者のキャリアアップのために必要なキャリアアップ計画を策定する際の参考に、「有期雇用労働者等のキャリアアップに関するガイドライン」もあわせてご活用ください。

3　お問い合わせ先

　ご不明な点は、各都道府県の労働局又はハローワークにご連絡ください。

働き方改革推進支援助成金 //////////////////////////////////////

1 概　　要

2020年4月1日から、中小企業に、時間外労働の上限規制が適用されています。

このコースは、生産性を向上させ、時間外労働の削減、年次有給休暇や特別休暇の促進に向けた環境整備に取り組む中小企業事業主の皆さまを支援します。ぜひご活用ください。

2 助成内容

(1) 支給対象となる事業主

支給対象となる事業主は、次のいずれにも該当する中小企業事業主（※）です。

①　労働者災害補償保険の適用事業主であること。

②　交付申請時点で、「成果目標」1から4の設定に向けた条件を満たしていること。

③　全ての対象事業場において、交付申請時点で、年5日の年次有給休暇の取得に向けて就業規則等を整備していること。

（※）中小企業事業主とは、以下のAまたはBの要件を満たす中小企業となります。

業　　種	A．資本または出資額	B．常時雇用する労働者
小売業（飲食店を含む）	5,000万円以下	50人以下
サービス業	5,000万円以下	100人以下
卸売業	1億円以下	100人以下
その他の業種	3億円以下	300人以下

3　支給対象となる取組

いずれか1つ以上実施してください。

① 　労務管理担当者に対する研修

② 　労働者に対する研修、周知・啓発

③ 　外部専門家（社会保険労務士、中小企業診断士など）による
コンサルティング

④ 　就業規則・労使協定等の作成・変更

⑤ 　人材確保に向けた取組

⑥ 　労務管理用ソフトウェアの導入・更新

⑦ 　労務管理用機器の導入・更新

⑧ 　デジタル式運行記録計（デジタコ）の導入・更新

⑨ 　労働能率の増進に資する設備・機器等の導入・更新
（小売業のＰＯＳ装置、自動車修理業の自動車リフト、運送業
の洗車機など）

※研修には、業務研修も含みます。

※原則としてパソコン、タブレット、スマートフォンは対象となりません。

4　成果目標の設定

支給対象となる取組は、以下の「成果目標」(1) から (4) のうち1つ以上選択し、その達成を目指して実施してください。

(1)　全ての対象事業場において、令和4年度又は令和5年度内において有効な36協定について、時間外・休日労働時間数を縮減し、月60時間以下、又は月60時間を超え月80時間以下に上限を設定し、所轄労働基準監督署長に届け出を行うこと

(2)　全ての対象事業場において、年次有給休暇の計画的付与の規定を新たに導入すること

(3)　全ての対象事業場において、時間単位の年次有給休暇の規定

を新たに導入すること

⑷　全ての対象事業場において、特別休暇（病気休暇、教育訓練
　休暇、ボランティア休暇、新型コロナウイルス感染症対応のた
　めの休暇、不妊治療のための休暇）の規定をいずれか１つ以上
　を新たに導入すること

　上記の成果目標に加えて、対象事業場で指定する労働者の時間当
たりの賃金額の引上げを３％以上行うことを成果目標に加えること
ができます。

5　事業実施期間

　事業実施期間中（交付決定の日から2023年１月31日（火）まで）
に取組を実施してください。

6　支給額

　取組の実施に要した経費の一部を、成果目標の達成状況に応じて
支給します。

　以下のいずれか低い方の額
　１　成果目標⑴から⑷の上限額および賃金加算額の合計額
　２　対象経費の合計額×補助率３／４（※）
　（※）常時使用する労働者数が30名以下かつ、支給対象の取組で⑥から⑨を
　　　実施する場合で、その所要額が30万円を超える場合の補助率は４／５

【1の上限額】

○成果目標（1）の上限額

事業実施後に設定する時間外労働時間数等	事業実施前の設定時間数	
	現に有効な36協定において、時間外労働時間数等を月80時間を超えて設定している事業場	現に有効な36協定において、時間外労働時間数等を月60時間を超えて設定している事業場
時間外労働時間数等を月60時間以下に設定	１５０万円	１００万円
時間外労働時間数等を月60時間を超え、月80時間以下に設定	５０万円	―

○成果目標（2）達成時の上限額：50万円

○成果目標（3）達成時の上限額：25万円

○成果目標（4）達成時の上限額：25万円

【1の賃金加算額】

引き上げ人数	1〜3人	4〜6人	7〜10人	11人〜30人
3％以上引き上げ	15万円	30万円	50万円	1人当たり5万円（上限150万円）
5％以上引き上げ	24万円	48万円	80万円	1人当たり8万円（上限240万円）

7　締め切り

申請の受付は2022年11月30日（水）まで（必着）です。

（なお、支給対象事業主数は国の予算額に制約されるため、11月30日以前に受付を締め切る場合があります。）

8　お問い合わせ先（申請窓口）

都道府県労働局

雇用環境・均等部（室）

事業再構築補助金//

1　事業再構築補助金とは？

　新型コロナウイルス感染症の影響が長期化し、当面の需要や売り上げの回復が期待しづらい中、ポストコロナ・ウィズコロナ時代の経済社会の変化に対応するために中小企業等の事業再構築を支援することで、日本経済の構造転換を促すことが重要です。そのため、新分野展開、事業転換、業種転換、業態転換、又は事業再編という思い切った事業再構築に意欲を有する中小企業等の挑戦を支援します。

2　必須申請要件
＜通常枠＞
(1)　売上が減っている

　2020年4月以降の連続する6か月間のうち、任意の3か月間の合計売上高が、コロナ以前（2019年または、2020年1〜3月）の同3か月の合計売上高と比較して10％以上減少していること。
※上記を満たさない場合には、次の項目を満たすことでも申請可能。
　2020年4月以降の連続する6か月間のうち、任意の3か月の合計付加価値額が、コロナ以前の同3か月の合計付加価値額と比較して15％以上減少していること。

(2)　新分野展開、業態転換、事業・業種転換、事業再編に取り組む
事業再構築指針
▶https：//www.meti.go.jp/covid-19/jigyo_saikoutiku/pdf/shishin.pdf

事業再構築指針の手引き

▶https：//www.meti.go.jp/covid-19/jigyo_saikoutiku/pdf/shishin_tebiki.pdf

　事業再構築指針に沿った新分野展開、業態転換、事業・業種転換
等を行う。

(3) 認定経営革新等支援機関と事業計画を策定する

認定経営革新等支援機関

▶https：//www.chusho.meti.go.jp/keiei/kakushin/nintei/

　事業再構築に係る事業計画を認定経営革新等支援機関と策定す
る。補助金額が3,000万円を超える案件は金融機関（銀行、信金、ファ
ンド等）も参加して策定する。金融機関が認定経営革新等支援機関
を兼ねる場合は、金融機関のみで構いません。

　補助事業終了後３〜５年で付加価値額の年率平均3.0％以上増加、
又は従業員一人当たり付加価値額の年率平均3.0％以上増加の達成
を見込む事業計画を策定する。

※付加価値額とは、営業利益、人件費、減価償却費を足したものを
　いう。

従業員数	補助額	補助率
20人以下	100万円〜 2,000 万円	中小企業者等 2/3
21 〜 50人	100万円〜 4,000 万円	6,000万円超は1/2
51人〜 100人	100万円〜 6,000 万円	中堅企業等 1/2
101人以上	100万円〜 8,000 万円	4,000万円超は1/3

＜大規模賃金引上枠＞

多くの従業員を雇用しながら、継続的な賃金引上げに取り組むとともに、従業員を増やして生産性を向上させる中小企業等を対象とした「大規模賃金引上枠」により、最大１億円まで支援します。

「大規模賃金引上枠」で不採用となったとしても、「通常枠」で審査します。

○対象となる事業者

通常枠の申請要件に加え、以下の①及び②を満たすこと

①　補助事業実施期間の終了時点を含む事業年度から３～５年の事業計画期間終了までの間、事業場内最低賃金を年額45円以上の水準で引き上げること

②　補助事業実施期間の終了時点を含む事業年度から３～５年の事業計画期間終了までの間、従業員数を年率平均1.5%以上（初年度は1.0%以上）増員させること

従業員数	補助額	補助率
101人以上	8,000万円超～１億円	中小企業者等 2/3 6,000万円超は1/2 中堅企業等 1/2 4,000万円超は1/3

＜回復・再生応援枠＞

引き続き業況が厳しい事業者や事業再生に取り組む中小企業等を対象として「回復・再生応援枠」を設け、補助率を引き上げます。「回復・再生応援枠」では、事業再構築指針の要件について、主要な設

備の変更を求めません。

「回復・再生応援枠」で不採択となったとしても、加点の上、「通常枠」で再審査します。

○対象となる事業者

通常枠の申請要件に加え、以下の①又は②のどちらかを満たすこと

①　2021年10月以降のいずれかの月の売上高が対2020年又は2019年同月比で30％以上減少していること

②　中小企業活性化協議会（旧：中小企業再生支援協議会）等から支援を受け再生計画等を策定していること

従業員数	補助額	補助率
5人以下	100万円〜500万円	中小企業者等 3/4
6人〜20人	100万円〜1,000万円	中堅企業等 2/3
21人以上	100万円〜1,500万円	

＜最低賃金枠＞

最低賃金の引上げの影響を受け、その原資の確保が困難な特に業況の厳しい中小企業等を対象とした「最低賃金枠」を設け、補助率を引き上げます。

「最低賃金枠」は、加点措置を行い、回復・再生応援枠に比べて採択率において優遇されます。「最低賃金枠」に申請されて、不採択となった事業者については、通常枠で再審査いたします。

○対象となる事業者

通常枠の申請要件に加え、以下の①及び②を満たすこと

①　2020年10月から2021年6月までの間で、3か月以上最低賃金+30円以内で雇用している従業員が全従業員数の10％以上いる

こと

②　2020年4月以降のいずれかの月の売上高が対前年又は前々年の同月比で30%以上減少していること

※売上高に代えて、付加価値額を用いることも可能です。

従業員数	補助額	補助率
5人以下	100万円～500万円	中小企業者等 3/4
6人～20人	100万円～1,000万円	中堅企業等 2/3
21人以上	100万円～1,500万円	

＜グリーン成長枠＞

　グリーン分野での事業再構築を通じて高い成長を目指す中小企業等を対象に、「グリーン成長枠」を設け、補助上限額を最大1.5億円まで引き上げます。

　「グリーン成長枠」では、売上高10%減少要件を課しません。

　「グリーン成長枠」で不採択となった際に通常枠での再審査を希望される事業者につきましては、売上高等減少要件を満たすことを示す書類を提出いただく必要があります。

○対象となる事業者

①　事業再構築指針に沿った事業計画を認定経営革新等支援機関と策定すること

　（補助額3,000万円超は金融機関も必須）

②　補助事業終了後3～5年で付加価値額の年率平均5.0%以上増加又は従業員一人当たり付加価値額の年率平均5.0%以上増加の達成を見込む事業計画を策定すること

③　グリーン成長戦略「実行計画」14分野に掲げられた課題の解

決に資する取組として記載があるものに該当し、その取組に該
当する２年以上の研究開発・技術開発又は従業員の一定割合以
上に対する人材育成（※）をあわせて行うこと

（※）従業員の10％以上が年間20時間以上の外部研修又は専門家を招いたOJT
研修を受けることが必要となります。

	補助額	補助率
中小企業者等	100万円〜１億円	1/2
中堅企業等	100万円〜1.5億円	1/3

　事業再構築補助金では、１事業者につき支援を受けることが出来
る回数は１回に限られますが、グリーン成長枠については、特例的
に、過去支援を受けたことがある事業者も再度申請することを可能
とし、採択された場合には支援を受けることが出来ることとします。
　但し、支援を受けることができる回数は２回を上限とします。
　通常の申請に加えて、以下の２つの資料の提出が必要です。
　①　既に事業再構築補助金で取り組んでいる又は取り組む予定の
　　補助事業とは異なる事業内容であることの説明資料
　②　既存の事業再構築を行いながら新たに取り組む事業再構築を
　　行うだけの体制や資金力があることの説明資料
　→通常の審査に加え、一定の減点を受けたうえで、これらの資料
についても考慮したうえで採否を判断します。

３　補助事業者

　本事業の補助対象者は、日本国内に本社を有する中小企業者等及
び中堅企業等とします。

4　補助対象経費

補助対象となる経費は、本事業の対象として明確に区分できるものである必要があります。対象経費は必要性及び金額の妥当性を証拠書類によって明確に確認できるものです。

5　事業計画の策定

事業計画の策定に際して認定経営革新等支援機関とご相談の上、策定してください。

【認定経営革新等支援機関 検索システム】

▶https：//ninteishien.force.com/NSK_CertificationArea

6　事前着手承認制度

事前着手承認制度に関して、公募要領や資料を確認し、jGrantsにて申請してください。

【jGrants】

▶https：//jgrants-portal.go.jp

7　申　　請

事前着手承認制度の申請は電子申請のみとなります。

8　お問い合わせ先

下記コールセンターもしくはサポートセンターへお問い合わせください。

制度全般に関するコールセンター

＜ナビダイヤル＞　0570-012-088

＜　IP電話用　＞　03-4216-4080

受付時間　9：00 ～ 18：00　（土・日・祝日は除く）

電子申請の操作方法に関するサポートセンター

　050-8881-6942

受付時間　9：00 ～ 18：00　（土・日・祝日は除く）

小規模事業者持続化補助金（一般型）//////////////

　小規模事業者持続化補助金は、持続的な経営に向けた経営計画に基づく、小規模事業者等の地道な販路開拓等の取り組みや、業務効率化の取り組みを支援するため、それに要する経費の一部を補助いたします。

1　小規模事業者持続化補助金（一般型）とは

　小規模事業者および一定要件を満たす特定非営利活動法人（以下「小規模事業者等」といいます。）が今後複数年にわたり相次いで直面する制度変更（働き方改革や被用者保険の適用拡大、賃上げ、インボイス導入等）等に対応するため、小規模事業者等が取り組む販路開拓等の取組の経費の一部を補助することにより、地域の雇用や産業を支える小規模事業者等の生産性向上と持続的発展を図ることを目的とします。

　本補助金事業は、小規模事業者自らが作成した持続的な経営に向けた経営計画に基づく、地道な販路開拓等の取組（例：新たな市場への参入に向けた売り方の工夫や新たな顧客層の獲得に向けた商品の改良・開発等）や、地道な販路開拓等と併せて行う業務効率化の取組を支援するため、それに要する経費の一部を補助するものです。

　詳細は下記をご覧ください。
▶https：//r3.jizokukahojokin.info/

2　お問い合わせ先

　商工会議所地区　令和元年度補正予算・令和３年度補正予算　小

規模事業者持続化補助金事務局

　　　03-6632-1502

　受付時間　9：00 ～ 12：00、13：00 ～ 17：00

　（土・日・祝日、年末年始の休業日を除く）

　お電話はお間違いのないようお願いいたします（通話料がかかり
ます）。

　書類の持参・ご相談のために訪問されても対応はしていません。

ものづくり補助金///

※正式名称は「ものづくり・商業・サービス生産性向上促進補助
金」です。

1　ものづくり・商業・サービス生産性向上促進補助金とは

ものづくり・商業・サービス生産性向上促進補助金は、中小企
業・小規模事業者等が今後複数年にわたり相次いで直面する制度変
更（働き方改革や被用者保険の適用拡大、賃上げ、インボイス導入
等）等に対応するため、中小企業・小規模事業者等が取り組む革新
的サービス開発・試作品開発・生産プロセスの改善を行うための設
備投資等を支援するものです。

2　基本要件

通常枠において対象となるのは、以下の要件を全て満たす３〜５
年の事業計画を策定している事業者です。

①　事業計画期間において、給与支給総額を年率平均1.5％以上
　　増加

②　事業計画期間において、事業場内最低賃金を地域別最低賃金
　　＋30円以上の水準にする

③　事業計画期間において、事業者全体の付加価値額（営業利益、
　　人件費、減価償却費を足したもの）を年率平均３％以上増加

これらの基本要件に加えて、通常枠以外の枠では、それぞれ個別
の要件があります。

補助率は、以下のとおりである。

	従業員規模に応じた補助上限			補助率
	5人以下	6〜20人	21人以上	
通常枠				1／2（注）
回復型賃上げ・雇用拡大枠	750万円	1,000万円	1,250万円	2／3
デジタル枠				2／3
グリーン枠	1,000万円	1,500万円	2,000万円	2／3

※小規模企業者・小規模事業者（常勤従業員数が、製造業その他・宿泊業・娯楽業では20人以下、卸売業・小売業・サービス業では5人以下の会社又は個人事業主）は2/3

3　公募要領を確認

「ものづくり・商業・サービス生産性向上促進補助金〔一般型・グローバル展開型〕」の申請をご検討中の事業者の方は、公募要領〔一般型・グローバル展開型〕の内容をご確認のうえ、申請願います。

4　申請方法

申請方法は、電子申請となります。

電子申請システムを利用するためには、事前に「GビズIDプライムアカウント」の取得が必要です。「GビズIDプライムアカウント」をお持ちでない事業者の方は、最初にGビズIDの取得申請をお願いします。

※ものづくり補助金事務局サポートセンターでは、GビズIDの新規取得等に関するお問い合わせには、対応していませんので、GビズIDの新規取得等につきましては、GビズIDの事務局へお問い合わせください。）

＜ビジネスモデル構築型のご紹介＞

　中小企業による経営革新のための設備投資等を支援する〔一般型・グローバル展開型〕とは異なり、30者以上の中小企業の革新的な事業計画策定を支援する民間サービスが対象となります。

　ビジネスモデル構築型の応募をご検討の方は、公募要領を確認のうえ、申請してください。

5　応募申請書類お問い合わせ先

　ものづくり補助金事務局サポートセンター

　　050－8880－4053

　　受付時間：10：00 〜 17：00（土・日・祝日および12/29 〜 1/3は除く）

参 考 法 令

租税特別措置法

　　　（給与等の支給額が増加した場合の法人税額の特別控除）

第四十二条の十二の五　青色申告書を提出する法人が、令和四年四月一日から
　令和六年三月三十一日までの間に開始する各事業年度（設立事業年度、解散
　（合併による解散を除く。）の日を含む事業年度及び清算中の各事業年度を除
　く。）において国内雇用者に対して給与等を支給する場合において、当該事
　業年度において当該法人の継続雇用者給与等支給額からその継続雇用者比較
　給与等支給額を控除した金額の当該継続雇用者比較給与等支給額に対する割
　合（第一号において「継続雇用者給与等支給増加割合」という。）が百分の
　三以上であるとき（当該事業年度終了の時において、当該法人の資本金の額
　又は出資金の額が十億円以上であり、かつ、当該法人の常時使用する従業員
　の数が千人以上である場合には、給与等の支給額の引上げの方針、下請中小
　企業振興法（昭和四十五年法律第百四十五号）第二条第四項に規定する下請
　事業者その他の取引先との適切な関係の構築の方針その他の政令で定める事
　項を公表している場合として政令で定める場合に限る。）は、当該法人の当
　該事業年度の所得に対する調整前法人税額（第四十二条の四第十九項第二号
　に規定する調整前法人税額をいう。以下この項及び次項において同じ。）から、
　当該法人の当該事業年度の控除対象雇用者給与等支給増加額（当該事業年度
　において第四十二条の十二の規定の適用を受ける場合には、同条の規定によ
　る控除を受ける金額の計算の基礎となつた者に対する給与等の支給額として
　政令で定めるところにより計算した金額を控除した残額）に百分の十五（当
　該事業年度において次の各号に掲げる要件を満たす場合には、百分の十五に
　当該各号に定める割合（当該事業年度において次の各号に掲げる要件の全て
　を満たす場合には、当該各号に定める割合を合計した割合）を加算した割合）
　を乗じて計算した金額（以下この項において「税額控除限度額」という。）
　を控除する。この場合において、当該税額控除限度額が、当該法人の当該事
　業年度の所得に対する調整前法人税額の百分の二十に相当する金額を超える
　ときは、その控除を受ける金額は、当該百分の二十に相当する金額を限度と
　する。
　一　継続雇用者給与等支給増加割合が百分の四以上であること　百分の十

二　当該法人の当該事業年度の所得の金額の計算上損金の額に算入される教育訓練費の額（その教育訓練費に充てるため他の者（その法人が外国法人である場合の法人税法第百三十八条第一項第一号に規定する本店等を含む。第三項第四号において同じ。）から支払を受ける金額がある場合には、当該金額を控除した金額。次項第二号及び第三項第八号において同じ。）からその比較教育訓練費の額を控除した金額の当該比較教育訓練費の額に対する割合が百分の二十以上であること　百分の五

2　第四十二条の四第十九項第七号に規定する中小企業者（同項第八号に規定する適用除外事業者又は同項第八号の二に規定する通算適用除外事業者に該当するものを除く。）又は同項第九号に規定する農業協同組合等で、青色申告書を提出するもの（以下この項において「中小企業者等」という。）が、平成三十年四月一日から令和六年三月三十一日までの間に開始する各事業年度（前項の規定の適用を受ける事業年度、設立事業年度、解散（合併による解散を除く。）の日を含む事業年度及び清算中の各事業年度を除く。）において国内雇用者に対して給与等を支給する場合において、当該事業年度において当該中小企業者等の雇用者給与等支給額からその比較雇用者給与等支給額を控除した金額の当該比較雇用者給与等支給額に対する割合（第一号において「雇用者給与等支給増加割合」という。）が百分の一・五以上であるときは、当該中小企業者等の当該事業年度の所得に対する調整前法人税額から、当該中小企業者等の当該事業年度の控除対象雇用者給与等支給増加額（当該事業年度において第四十二条の十二の規定の適用を受ける場合には、同条の規定による控除を受ける金額の計算の基礎となつた者に対する給与等の支給額として政令で定めるところにより計算した金額を控除した残額）に百分の十五（当該事業年度において次の各号に掲げる要件を満たす場合には、百分の十五に当該各号に定める割合（当該事業年度において次の各号に掲げる要件の全てを満たす場合には、当該各号に定める割合を合計した割合）を加算した割合）を乗じて計算した金額（以下この項において「中小企業者等税額控除限度額」という。）を控除する。この場合において、当該中小企業者等税額控除限度額が、当該中小企業者等の当該事業年度の所得に対する調整前法人税額の百分の二十に相当する金額を超えるときは、その控除を受ける金額は、当該百分の二十に相当する金額を限度とする。

一　雇用者給与等支給増加割合が百分の二・五以上であること　百分の十五

二　当該中小企業者等の当該事業年度の所得の金額の計算上損金の額に算入
される教育訓練費の額からその比較教育訓練費の額を控除した金額の当該
比較教育訓練費の額に対する割合が百分の十以上であること　百分の十

3　この条において、次の各号に掲げる用語の意義は、当該各号に定めるところによる。

一　設立事業年度　設立の日（法人税法第二条第四号に規定する外国法人に
あつては恒久的施設を有することとなつた日とし、公益法人等及び人格の
ない社団等にあつては新たに収益事業を開始した日とし、公益法人等（収
益事業を行つていないものに限る。）に該当していた普通法人又は協同組
合等にあつては当該普通法人又は協同組合等に該当することとなつた日と
する。）を含む事業年度をいう。

二　国内雇用者　法人の使用人（当該法人の役員（法人税法第二条第十五号
に規定する役員をいう。以下この号において同じ。）と政令で定める特殊
の関係のある者及び当該法人の使用人としての職務を有する役員を除く。）
のうち当該法人の有する国内の事業所に勤務する雇用者として政令で定め
るものに該当するものをいう。

三　給与等　所得税法第二十八条第一項に規定する給与等をいう。

四　継続雇用者給与等支給額　継続雇用者（法人の各事業年度（以下この項
において「適用年度」という。）及び当該適用年度開始の日の前日を含む
事業年度（次号及び第十号において「前事業年度」という。）の期間内の
各月分のその法人の給与等の支給を受けた国内雇用者として政令で定める
ものをいう。次号において同じ。）に対する当該適用年度の給与等の支給
額（その給与等に充てるため他の者から支払を受ける金額（国又は地方公
共団体から受ける雇用保険法第六十二条第一項第一号に掲げる事業として
支給が行われる助成金その他これに類するものの額を除く。）がある場合
には、当該金額を控除した金額。以下この項において同じ。）として政令
で定める金額をいう。

五　継続雇用者比較給与等支給額　前号の法人の継続雇用者に対する前事業
年度の給与等の支給額として政令で定める金額をいう。

六　控除対象雇用者給与等支給増加額　法人の雇用者給与等支給額からその

比較雇用者給与等支給額を控除した金額（当該金額が当該法人の調整雇用者給与等支給増加額（イに掲げる金額からロに掲げる金額を控除した金額をいう。）を超える場合には、当該調整雇用者給与等支給増加額）をいう。

　イ　雇用者給与等支給額（当該雇用者給与等支給額の計算の基礎となる給与等に充てるための雇用安定助成金額（国又は地方公共団体から受ける雇用保険法第六十二条第一項第一号に掲げる事業として支給が行われる助成金その他これに類するものの額をいう。以下この号において同じ。）がある場合には、当該雇用安定助成金額を控除した金額）

　ロ　比較雇用者給与等支給額（当該比較雇用者給与等支給額の計算の基礎となる給与等に充てるための雇用安定助成金額がある場合には、当該雇用安定助成金額を控除した金額）

七　教育訓練費　法人がその国内雇用者の職務に必要な技術又は知識を習得させ、又は向上させるために支出する費用で政令で定めるものをいう。

八　比較教育訓練費の額　法人の適用年度開始の日前一年以内に開始した各事業年度の所得の金額の計算上損金の額に算入される教育訓練費の額（当該各事業年度の月数と当該適用年度の月数とが異なる場合には、当該教育訓練費の額に当該適用年度の月数を乗じてこれを当該各事業年度の月数で除して計算した金額）の合計額を当該一年以内に開始した各事業年度の数で除して計算した金額をいう。

九　雇用者給与等支給額　法人の適用年度の所得の金額の計算上損金の額に算入される国内雇用者に対する給与等の支給額をいう。

十　比較雇用者給与等支給額　法人の前事業年度の所得の金額の計算上損金の額に算入される国内雇用者に対する給与等の支給額（前事業年度の月数と適用年度の月数とが異なる場合には、その月数に応じ政令で定めるところにより計算した金額）をいう。

4　前項の月数は、暦に従つて計算し、一月に満たない端数を生じたときは、これを一月とする。

5　第一項及び第二項の規定は、確定申告書等（これらの規定により控除を受ける金額を増加させる修正申告書又は更正請求書を提出する場合には、当該修正申告書又は更正請求書を含む。）にこれらの規定による控除の対象となる控除対象雇用者給与等支給増加額（第一項の規定の適用を受けようとする

場合には、継続雇用者給与等支給額及び継続雇用者比較給与等支給額を含む。）、控除を受ける金額及び当該金額の計算に関する明細を記載した書類の添付がある場合に限り、適用する。この場合において、第一項及び第二項の規定により控除される金額の計算の基礎となる控除対象雇用者給与等支給増加額は、確定申告書等に添付された書類に記載された控除対象雇用者給与等支給増加額を限度とする。

6 前三項に定めるもののほか、第一項又は第二項の規定の適用を受けようとする法人が合併法人、分割法人若しくは分割承継法人、現物出資法人若しくは被現物出資法人又は現物分配法人若しくは被現物分配法人である場合における比較教育訓練費の額又は比較雇用者給与等支給額の計算、継続雇用者比較給与等支給額又は比較雇用者給与等支給額が零である場合におけるこれらの規定に規定する要件を満たすかどうかの判定その他これらの規定の適用に関し必要な事項は、政令で定める。

7 第四十二条の四第二十二項及び第二十三項の規定は、第一項又は第二項の規定の適用がある場合について準用する。この場合において、同条第二十二項中「第一項、第四項、第七項及び第十三項（第十八項において準用する場合を含む。）」とあるのは、「第四十二条の十二の五第一項及び第二項」と読み替えるものとする。

（地方活力向上地域等において雇用者の数が増加した場合の法人税額の特別控除）

第四十二条の十二　青色申告書を提出する法人で地域再生法第十七条の二第四項に規定する認定事業者（地域再生法の一部を改正する法律（平成二十七年法律第四十九号）の施行の日から令和六年三月三十一日までの間に同条第一項に規定する地方活力向上地域等特定業務施設整備計画（次項及び第六項において「地方活力向上地域等特定業務施設整備計画」という。）について同条第三項の認定（以下この条において「計画の認定」という。）を受けた法人に限る。次項及び第五項第一号イにおいて「認定事業者」という。）であるものが、適用年度において、第一号に掲げる要件を満たす場合には、当該法人の当該適用年度の所得に対する調整前法人税額（第四十二条の四第十九項第二号に規定する調整前法人税額をいう。以下この項及び次項において同

じ。）から第二号に掲げる金額（以下この項において「税額控除限度額」という。）を控除する。この場合において、当該税額控除限度額が、当該法人の当該適用年度の所得に対する調整前法人税額の百分の二十に相当する金額を超えるときは、その控除を受ける金額は、当該百分の二十に相当する金額を限度とする。

一　雇用保険法第五条第一項に規定する適用事業を行い、かつ、他の法律により業務の規制及び適正化のための措置が講じられている事業として政令で定めるものを行つていないこと。

二　次に掲げる金額の合計額

　イ　三十万円に、当該法人の当該適用年度の地方事業所基準雇用者数（当該地方事業所基準雇用者数が当該適用年度の基準雇用者数を超える場合には、当該基準雇用者数。ロにおいて同じ。）のうち当該適用年度の特定新規雇用者数に達するまでの数（イにおいて「特定新規雇用者基礎数」という。）を乗じて計算した金額（当該適用年度の移転型特定新規雇用者数がある場合には、二十万円に、当該特定新規雇用者基礎数のうち当該移転型特定新規雇用者数に達するまでの数を乗じて計算した金額を加算した金額）

　ロ　二十万円に、当該法人の当該適用年度の地方事業所基準雇用者数から当該適用年度の新規雇用者総数を控除した数のうち当該適用年度の特定非新規雇用者数に達するまでの数（ロにおいて「特定非新規雇用者基礎数」という。）を乗じて計算した金額（当該適用年度の移転型地方事業所基準雇用者数から当該適用年度の移転型新規雇用者総数を控除した数のうち当該適用年度の移転型特定非新規雇用者数に達するまでの数（ロにおいて「移転型特定非新規雇用者基礎数」という。）が零を超える場合には、二十万円に、当該特定非新規雇用者基礎数のうち当該移転型特定非新規雇用者基礎数に達するまでの数を乗じて計算した金額を加算した金額）

2　青色申告書を提出する法人で認定事業者であるもののうち、前項の規定の適用を受ける又は受けたもの（前条第一項の規定（同項の規定に係る第五十二条の二第一項若しくは第四項又は第五十二条の三第一項から第三項まで、第十一項若しくは第十二項の規定を含む。以下この項において同じ。）

又は前条第二項の規定の適用を受ける事業年度においてその適用を受けない
ものとしたならば前項の規定の適用があるもの（以下この項において「要件
適格法人」という。）を含む。）が、その適用を受ける事業年度（要件適格法
人にあつては、同条第一項の規定又は同条第二項の規定の適用を受ける事業
年度）以後の各適用年度（当該法人の地方活力向上地域等特定業務施設整備
計画（地域再生法第十七条の二第一項第一号に掲げる事業に関するものに限
る。）について計画の認定を受けた日以後に終了する事業年度で基準雇用者
数又は地方事業所基準雇用者数が零に満たない事業年度以後の事業年度を除
く。）において、前項第一号に掲げる要件を満たす場合には、当該法人の当
該適用年度の所得に対する調整前法人税額から、四十万円に当該法人の当該
適用年度の地方事業所特別基準雇用者数を乗じて計算した金額（当該計画の
認定に係る特定業務施設が同法第五条第四項第五号ロに規定する準地方活力
向上地域内にある場合には、三十万円に当該特定業務施設に係る当該法人の
当該適用年度の地方事業所特別基準雇用者数を乗じて計算した金額。以下こ
の項において「地方事業所特別税額控除限度額」という。）を控除する。こ
の場合において、当該地方事業所特別税額控除限度額が、当該法人の当該適
用年度の所得に対する調整前法人税額の百分の二十に相当する金額（当該適
用年度において前項の規定により当該適用年度の所得に対する調整前法人税
額から控除される金額又は前条第二項の規定により当該適用年度の所得に対
する調整前法人税額から控除される金額がある場合には、これらの金額を控
除した残額）を超えるときは、その控除を受ける金額は、当該百分の二十に
相当する金額を限度とする。

3　適用年度が一年に満たない前項に規定する法人に対する同項の規定の適用
については、同項中「四十万円」とあるのは「四十万円に当該適用年度の月
数を乗じてこれを十二で除して計算した金額」と、「三十万円」とあるのは
「三十万円に当該適用年度の月数を乗じてこれを十二で除して計算した金額」
とする。

4　前項の月数は、暦に従つて計算し、一月に満たない端数を生じたときは、
これを一月とする。

5　通算法人の適用年度（当該通算法人に係る通算親法人の事業年度終了の日
に終了する事業年度に限る。以下この項において同じ。）に係る第一項及び

第二項の規定の適用については、次に定めるところによる。

一　第一項第二号イに掲げる金額は、次に掲げる金額の合計額とする。

　　イ　三十万円に当該適用年度の特定新規雇用者基礎数（第一項第二号イに
　　　規定する特定新規雇用者基礎数をいう。以下この号において同じ。）を
　　　乗じて計算した金額に、特定新規基準雇用者割合（当該適用年度及び当
　　　該適用年度終了の日において当該通算法人との間に通算完全支配関係が
　　　ある他の通算法人（認定事業者であるものに限る。）の同日に終了する
　　　適用年度（同項第一号に掲げる要件を満たす適用年度に限る。ロ及び次
　　　号において「他の適用年度」という。）の特定新規雇用者基礎数の合計
　　　（イ及び次号において「特定新規雇用者基礎合計数」という。）のうちに
　　　占める当該適用年度及び当該適用年度終了の日において当該通算法人と
　　　の間に通算完全支配関係がある他の通算法人の同日に終了する事業年度
　　　の基準雇用者数の合計（以下この号及び次号において「基準雇用者合計
　　　数」という。）の割合（当該特定新規雇用者基礎合計数が零である場合
　　　及び当該基準雇用者合計数が零以下である場合には零とし、当該割合が
　　　一を上回る場合には一とする。）をいう。）を乗じて計算した金額

　　ロ　二十万円に当該適用年度の移転型特定新規雇用者基礎数（特定新規雇
　　　用者基礎数のうち移転型特定新規雇用者数に達するまでの数をいう。）
　　　を乗じて計算した金額に、移転型特定新規基準雇用者割合（当該適用
　　　年度及び他の適用年度の特定新規雇用者基礎数のうち移転型特定新規雇
　　　用者数に達するまでの数の合計のうちに占める基準雇用者合計数の割合
　　　（当該合計が零である場合及び当該基準雇用者合計数が零以下である場
　　　合には零とし、当該割合が一を上回る場合には一とする。）をいう。）を
　　　乗じて計算した金額

二　第一項第二号ロに掲げる金額は、次に掲げる金額の合計額とする。

　　イ　二十万円に当該適用年度の特定非新規雇用者基礎数（第一項第二号ロ
　　　に規定する特定非新規雇用者基礎数をいう。以下この号において同じ。）
　　　を乗じて計算した金額に、特定非新規基準雇用者割合（当該適用年度及
　　　び他の適用年度の特定非新規雇用者基礎数の合計（イにおいて「特定非
　　　新規雇用者基礎合計数」という。）のうちに占める基準雇用者合計数か
　　　ら特定新規雇用者基礎合計数を控除した数の割合（当該特定非新規雇用

者基礎合計数が零である場合には零とし、当該割合が一を上回る場合には一とする。）をいう。）を乗じて計算した金額

　ロ　二十万円に当該適用年度の特定非新規雇用者基礎数のうち移転型特定非新規雇用者基礎数（第一項第二号ロに規定する移転型特定非新規雇用者基礎数が零を超える場合における当該移転型特定非新規雇用者基礎数をいう。ロにおいて同じ。）に達するまでの数を乗じて計算した金額に、移転型特定非新規基準雇用者割合（当該適用年度及び他の適用年度の特定非新規雇用者基礎数のうち移転型特定非新規雇用者基礎数に達するまでの数の合計（ロにおいて「移転型特定非新規雇用者基礎合計数」という。）のうちに占める基準雇用者合計数から特定新規雇用者基礎合計数を控除した数の割合（当該移転型特定非新規雇用者基礎合計数が零である場合には零とし、当該割合が一を上回る場合には一とする。）をいう。）を乗じて計算した金額

　三　通算法人の第二項の適用年度終了の日において当該通算法人との間に通算完全支配関係がある他の通算法人のうちいずれかの他の通算法人の同日に終了する事業年度が当該いずれかの他の通算法人の同項に規定する地方活力向上地域等特定業務施設整備計画について計画の認定を受けた日以後に終了する事業年度で基準雇用者数又は地方事業所基準雇用者数が零に満たない事業年度以後の事業年度である場合には、当該適用年度については、同項の規定は、適用しない。

6　この条において、次の各号に掲げる用語の意義は、当該各号に定めるところによる。

　一　適用年度　地方活力向上地域等特定業務施設整備計画について計画の認定を受けた法人の当該計画の認定を受けた日から同日の翌日以後二年を経過する日までの期間内の日を含む事業年度をいい、設立（合併、分割又は現物出資による設立を除く。）の日（法人税法第二条第四号に規定する外国法人にあつては恒久的施設を有することとなつた日とし、公益法人等及び人格のない社団等にあつては新たに収益事業を開始した日とし、公益法人等（収益事業を行つていないものに限る。）に該当していた普通法人又は協同組合等にあつては当該普通法人又は協同組合等に該当することとなつた日とする。）を含む事業年度、解散（合併による解散を除く。）の日を

含む事業年度及び清算中の各事業年度を除く。

二　特定業務施設　地域再生法第五条第四項第五号に規定する特定業務施設
　　で、同法第十七条の二第六項に規定する認定地方活力向上地域等特定業務
　　施設整備計画に係る計画の認定をした同条第一項に規定する認定都道府県
　　知事が作成した同法第八条第一項に規定する認定地域再生計画に記載され
　　ている同号イ又はロに掲げる地域（当該認定地方活力向上地域等特定業務
　　施設整備計画が同法第十七条の二第一項第二号に掲げる事業に関するもの
　　である場合には、同号に規定する地方活力向上地域）において当該認定地
　　方活力向上地域等特定業務施設整備計画に従つて整備されたものをいう。

三　雇用者　法人の使用人（当該法人の役員（法人税法第二条第十五号に規
　　定する役員をいう。以下この号において同じ。）と政令で定める特殊の関
　　係のある者及び当該法人の使用人としての職務を有する役員を除く。次号
　　において同じ。）のうち一般被保険者（雇用保険法第六十条の二第一項第
　　一号に規定する一般被保険者をいう。）に該当するものをいう。

四　高年齢雇用者　法人の使用人のうち高年齢被保険者（雇用保険法第
　　三十七条の二第一項に規定する高年齢被保険者をいう。）に該当するもの
　　をいう。

五　基準雇用者数　適用年度終了の日における雇用者の数から当該適用年度
　　開始の日の前日における雇用者（当該適用年度終了の日において高年齢雇
　　用者に該当する者を除く。）の数を減算した数をいう。

六　地方事業所基準雇用者数　適用年度開始の日から起算して二年前の日か
　　ら当該適用年度終了の日までの間に地方活力向上地域等特定業務施設整備
　　計画について計画の認定を受けた法人の当該計画の認定に係る特定業務施
　　設（以下この項において「適用対象特定業務施設」という。）のみを当該
　　法人の事業所とみなした場合における基準雇用者数として政令で定めると
　　ころにより証明がされた数をいう。

七　特定雇用者　次に掲げる要件を満たす雇用者をいう。

　イ　その法人との間で労働契約法第十七条第一項に規定する有期労働契約
　　　以外の労働契約を締結していること。

　ロ　短時間労働者及び有期雇用労働者の雇用管理の改善等に関する法律第
　　　二条第一項に規定する短時間労働者でないこと。

八　特定新規雇用者数　適用年度（当該適用年度が計画の認定を受けた日を含む事業年度である場合には、同日から当該適用年度終了の日までの期間）に新たに雇用された特定雇用者で当該適用年度終了の日において適用対象特定業務施設に勤務するものの数として政令で定めるところにより証明がされた数をいう。

九　移転型特定新規雇用者数　適用年度（当該適用年度が計画の認定を受けた日を含む事業年度である場合には、同日から当該適用年度終了の日までの期間）に新たに雇用された特定雇用者で当該適用年度終了の日において移転型適用対象特定業務施設（地域再生法第十七条の二第一項第一号に掲げる事業に関する地方活力向上地域等特定業務施設整備計画について計画の認定を受けた法人の当該計画の認定に係る適用対象特定業務施設をいう。以下この項において同じ。）に勤務するものの数として政令で定めるところにより証明がされた数をいう。

十　新規雇用者総数　適用年度（当該適用年度が計画の認定を受けた日を含む事業年度である場合には、同日から当該適用年度終了の日までの期間）に新たに雇用された雇用者で当該適用年度終了の日において適用対象特定業務施設に勤務するもの（次号及び第十四号において「新規雇用者」という。）の総数として政令で定めるところにより証明がされた数をいう。

十一　特定非新規雇用者数　適用年度（当該適用年度が計画の認定を受けた日を含む事業年度である場合には、同日から当該適用年度終了の日までの期間）において他の事業所から適用対象特定業務施設に転勤した特定雇用者（新規雇用者を除く。）で当該適用年度終了の日において当該適用対象特定業務施設に勤務するものの数として政令で定めるところにより証明がされた数をいう。

十二　移転型地方事業所基準雇用者数　移転型適用対象特定業務施設のみを法人の事業所とみなした場合における基準雇用者数として政令で定めるところにより証明がされた数をいう。

十三　移転型新規雇用者総数　適用年度（当該適用年度が計画の認定を受けた日を含む事業年度である場合には、同日から当該適用年度終了の日までの期間）に新たに雇用された雇用者で当該適用年度終了の日において移転型適用対象特定業務施設に勤務するものの総数として政令で定めるところ

により証明がされた数をいう。

十四　移転型特定非新規雇用者数　適用年度（当該適用年度が計画の認定を受けた日を含む事業年度である場合には、同日から当該適用年度終了の日までの期間）において他の事業所から移転型適用対象特定業務施設に転勤した特定雇用者（新規雇用者を除く。）で当該適用年度終了の日において当該移転型適用対象特定業務施設に勤務するものの数として政令で定めるところにより証明がされた数をいう。

十五　地方事業所特別基準雇用者数　適用年度開始の日から起算して二年前の日から当該適用年度終了の日までの間に地方活力向上地域等特定業務施設整備計画（地域再生法第十七条の二第一項第一号に掲げる事業に関するものに限る。）について計画の認定を受けた法人の当該適用年度及び当該適用年度前の各事業年度のうち、当該計画の認定を受けた日以後に終了する各事業年度の当該法人の当該計画の認定に係る特定業務施設のみを当該法人の事業所とみなした場合における基準雇用者数として政令で定めるところにより証明がされた数の合計数をいう。

7　第一項の規定は、次に掲げる規定の適用を受ける事業年度については、適用しない。

一　前条第一項又は第二項の規定

二　前条第一項の規定に係る第五十二条の二第一項又は第四項の規定

三　前条第一項の規定に係る第五十二条の三第一項から第三項まで、第十一項又は第十二項の規定

8　第一項及び第二項の規定は、これらの規定の適用を受けようとする事業年度（以下この項において「対象年度」という。）及び当該対象年度開始の日前一年以内に開始した各事業年度において、これらの規定に規定する法人に離職者（当該法人の雇用者又は高年齢雇用者であつた者で、当該法人の都合によるものとして財務省令で定める理由によつて離職（雇用保険法第四条第二項に規定する離職をいう。）をしたものをいう。以下この項において同じ。）がいないことにつき政令で定めるところにより証明がされた場合（当該法人が通算法人である場合における当該法人の対象年度（当該法人に係る通算親法人の事業年度終了の日に終了するものに限る。）にあつては、当該対象年度終了の日において当該法人との間に通算完全支配関係がある他の通算法人

の同日に終了する事業年度及び当該事業年度開始の日前一年以内に開始した各事業年度において当該他の通算法人に離職者がいないことにつき政令で定めるところにより証明がされた場合に限る。）に限り、適用する。

9　第一項及び第二項の規定は、確定申告書等（これらの規定により控除を受ける金額を増加させる修正申告書又は更正請求書を提出する場合には、当該修正申告書又は更正請求書を含む。）にこれらの規定による控除の対象となる地方事業所基準雇用者数又は地方事業所特別基準雇用者数、控除を受ける金額及び当該金額の計算に関する明細を記載した書類の添付がある場合に限り、適用する。この場合において、これらの規定により控除される金額の計算の基礎となる地方事業所基準雇用者数又は地方事業所特別基準雇用者数は、確定申告書等に添付された書類に記載された地方事業所基準雇用者数又は地方事業所特別基準雇用者数を限度とする。

10　第四項及び第六項から前項までに定めるもののほか、第一項に規定する法人が合併法人、分割法人若しくは分割承継法人、現物出資法人若しくは被現物出資法人又は現物分配法人若しくは被現物分配法人である場合における当該法人の基準雇用者数の計算、第六項第一号に規定する二年を経過する日を含む適用年度が一年に満たない場合における第三項に規定する除して計算した金額の計算その他第一項から第三項まで及び第五項の規定の適用に関し必要な事項は、政令で定める。

11　第四十二条の四第二十二項及び第二十三項の規定は、第一項又は第二項の規定の適用がある場合について準用する。この場合において、同条第二十二項中「第一項、第四項、第七項及び第十三項（第十八項において準用する場合を含む。）」とあるのは、「第四十二条の十二第一項及び第二項」と読み替えるものとする。

租税特別措置法施行令

（給与等の支給額が増加した場合の法人税額の特別控除）

第二十七条の十二の五　法第四十二条の十二の五第一項に規定する政令で定める事項は、同条第三項第三号に規定する給与等（以下この条において「給与等」という。）の支給額の引上げの方針、法第四十二条の十二の五第一項に規定する下請事業者その他の取引先との適切な関係の構築の方針その他の事業上の関係者との関係の構築の方針に関する事項として厚生労働大臣、経済産業大臣及び国土交通大臣が定める事項とする。

2　法第四十二条の十二の五第一項に規定する政令で定める場合は、同項の規定の適用を受ける事業年度の確定申告書等に、経済産業大臣の同項の法人がインターネットを利用する方法により前項に規定する事項を公表していることについて届出があつた旨を証する書類の写しの添付がある場合とする。

3　法第四十二条の十二の五第一項に規定する政令で定めるところにより計算した金額は、同項の法人の同項の規定の適用を受けようとする事業年度（以下この項において「適用年度」という。）に係る同条第三項第六号イに規定する雇用者給与等支給額を当該適用年度終了の日における法第四十二条の十二第六項第三号に規定する雇用者の数で除して計算した金額に次に掲げる数を合計した数（当該合計した数が地方事業所基準雇用者数（同条第一項第二号イに規定する地方事業所基準雇用者数をいう。以下この項において同じ。）を超える場合には、当該地方事業所基準雇用者数）を乗じて計算した金額の百分の二十に相当する金額とする。

一　当該法人が当該適用年度において法第四十二条の十二第一項の規定の適用を受ける場合における当該適用年度の特定新規雇用者基礎数（同項第二号イに規定する特定新規雇用者基礎数をいう。次号イにおいて同じ。）と当該適用年度の特定非新規雇用者基礎数（同項第二号ロに規定する特定非新規雇用者基礎数をいう。次号ロにおいて同じ。）とを合計した数

二　当該法人が当該適用年度において法第四十二条の十二第二項の規定の適用を受ける場合における当該適用年度の同条第六項第十二号に規定する移転型地方事業所基準雇用者数から当該法人が当該適用年度において同条第一項の規定の適用を受ける場合における当該適用年度の次に掲げる数を合

計した数を控除した数

　　イ　特定新規雇用者基礎数のうち法第四十二条の十二第六項第九号に規定
　　　する移転型特定新規雇用者数に達するまでの数

　　ロ　特定非新規雇用者基礎数のうち法第四十二条の十二第一項第二号ロに
　　　規定する移転型特定非新規雇用者基礎数に達するまでの数

4　前項の規定は、法第四十二条の十二の五第二項に規定する政令で定めると
　ころにより計算した金額について準用する。この場合において、前項中「同
　項の法人」とあるのは「同条第二項に規定する中小企業者等」と、同項各号
　中「当該法人」とあるのは「当該中小企業者等」と読み替えるものとする。

5　法第四十二条の十二の五第三項第二号に規定する政令で定める特殊の関係
　のある者は、次に掲げる者とする。

　　一　役員（法第四十二条の十二の五第三項第二号に規定する役員をいう。以
　　　下この項及び第十項第一号イにおいて同じ。）の親族

　　二　役員と婚姻の届出をしていないが事実上婚姻関係と同様の事情にある者

　　三　前二号に掲げる者以外の者で役員から生計の支援を受けているもの

　　四　前二号に掲げる者と生計を一にするこれらの者の親族

6　法第四十二条の十二の五第三項第二号に規定する政令で定めるものは、当
　該法人の国内に所在する事業所につき作成された労働基準法第百八条に規定
　する賃金台帳に記載された者とする。

7　法第四十二条の十二の五第三項第四号に規定する政令で定めるものは、法
　人の同項第二号に規定する国内雇用者（雇用保険法第六十条の二第一項第一
　号に規定する一般被保険者に該当する者に限るものとし、高年齢者等の雇用
　の安定等に関する法律第九条第一項第二号に規定する継続雇用制度の対象で
　ある者として財務省令で定める者を除く。第一号及び第二号において「国内
　雇用者」という。）のうち次の各号に掲げる場合の区分に応じ当該各号に定
　めるものとする。

　　一　適用年度（法第四十二条の十二の五第三項第四号に規定する適用年度を
　　　いう。以下この号及び次号において同じ。）の月数と当該適用年度開始の
　　　日の前日を含む事業年度（設立の日（同項第一号に規定する設立の日をい
　　　う。以下この条において同じ。）を含む事業年度にあつては、当該設立の
　　　日から当該事業年度終了の日までの期間。以下この号及び次号において「前

事業年度」という。）の月数とが同じ場合　当該法人の国内雇用者として当該適用年度及び当該前事業年度の期間内の各月分の当該法人の給与等の支給を受けた者

二　適用年度の月数と前事業年度の月数とが異なる場合　次に掲げる場合の区分に応じそれぞれ次に定めるもの

イ　前事業年度の月数が適用年度の月数に満たない場合　当該法人の国内雇用者として当該適用年度の期間及び当該適用年度開始の日前一年（当該適用年度が一年に満たない場合には、当該適用年度の期間。イにおいて同じ。）以内に終了した各事業年度（設立の日以後に終了した事業年度に限る。イにおいて「前一年事業年度」という。）の期間（当該開始の日から起算して一年前の日又は設立の日を含む前一年事業年度にあつては、当該一年前の日又は当該設立の日のいずれか遅い日から当該前一年事業年度終了の日までの期間。第九項第二号において「前一年事業年度特定期間」という。）内の各月分の当該法人の給与等の支給を受けた者

ロ　前事業年度の月数が適用年度の月数を超える場合　当該法人の国内雇用者として当該適用年度の期間及び前事業年度特定期間（当該前事業年度の期間のうち当該適用年度の期間に相当する期間で当該前事業年度終了の日に終了する期間をいう。）内の各月分の当該法人の給与等の支給を受けた者

8　法第四十二条の十二の五第三項第四号に規定する政令で定める金額は、同項第九号に規定する雇用者給与等支給額のうち同項第四号に規定する継続雇用者（次項各号において「継続雇用者」という。）に係る金額とする。

9　法第四十二条の十二の五第三項第五号に規定する政令で定める金額は、次の各号に掲げる場合の区分に応じ当該各号に定める金額とする。

一　第七項第一号に掲げる場合　法第四十二条の十二の五第三項第五号の法人の第七項第一号に規定する前事業年度に係る給与等支給額（法人の事業年度の所得の金額の計算上損金の額に算入される国内雇用者（同条第三項第二号に規定する国内雇用者をいう。以下この条において同じ。）に対する給与等の支給額（法第四十二条の十二の五第三項第四号に規定する支給額をいう。第十九項及び第二十項において同じ。）をいう。以下第十八項

までにおいて同じ。）のうち継続雇用者に係る金額

　二　第七項第二号イに掲げる場合　法第四十二条の十二の五第三項第五号の法人の第七項第二号イに規定する前一年事業年度に係る給与等支給額のうち継続雇用者に係る金額（当該前一年事業年度の前一年事業年度特定期間に対応する金額に限る。）の合計額に同号イの適用年度の月数を乗じてこれを前一年事業年度特定期間の月数の合計数で除して計算した金額

　三　第七項第二号ロに掲げる場合　法第四十二条の十二の五第三項第五号の法人の第七項第二号ロの前事業年度に係る給与等支給額のうち継続雇用者に係る金額（当該前事業年度の同号ロに規定する前事業年度特定期間に対応する金額に限る。）

10　法第四十二条の十二の五第三項第七号に規定する政令で定める費用は、次の各号に掲げる場合の区分に応じ当該各号に定める費用とする。

　一　法人がその国内雇用者に対して教育、訓練、研修、講習その他これらに類するもの（以下この項において「教育訓練等」という。）を自ら行う場合　次に掲げる費用

　　イ　当該教育訓練等のために講師又は指導者（当該法人の役員又は使用人である者を除く。）に対して支払う報酬その他の財務省令で定める費用

　　ロ　当該教育訓練等のために施設、設備その他の資産を賃借する場合におけるその賃借に要する費用その他これに類する財務省令で定める費用

　二　法人から委託を受けた他の者（当該法人が外国法人である場合の法人税法第百三十八条第一項第一号に規定する本店等を含む。以下この号及び次号において同じ。）が当該法人の国内雇用者に対して教育訓練等を行う場合　当該教育訓練等のために当該他の者に対して支払う費用

　三　法人がその国内雇用者を他の者が行う教育訓練等に参加させる場合　当該他の者に対して支払う授業料その他の財務省令で定める費用

11　法人が、法第四十二条の十二の五第一項第二号又は第二項第二号に掲げる要件を満たすものとして同条第一項又は第二項の規定の適用を受ける場合には、これらの規定の適用に係る前項各号に定める費用の明細を記載した書類として財務省令で定める書類を保存しなければならない。

12　法第四十二条の十二の五第一項又は第二項の規定の適用を受けようとする法人が次の各号に掲げる合併法人に該当する場合のその適用を受けようとす

る事業年度（以下第十七項までにおいて「適用年度」という。）の当該法人の同条第三項第八号に規定する比較教育訓練費の額（第十四項において「比較教育訓練費の額」という。）の計算における同号の教育訓練費の額については、当該法人の当該各号に規定する調整対象年度に係る教育訓練費の額（法人の事業年度の所得の金額の計算上損金の額に算入される同条第一項第二号に規定する教育訓練費の額をいう。以下この項及び次項において同じ。）は、当該各号に定めるところによる。

一　適用年度において行われた合併に係る合併法人　当該合併法人の基準日から当該適用年度開始の日の前日までの期間内の日を含む各事業年度（当該合併法人が当該適用年度開始の日においてその設立の日の翌日以後一年を経過していない法人（以下第十七項までにおいて「未経過法人」という。）に該当する場合には、基準日から当該合併法人の設立の日の前日までの期間を当該合併法人の事業年度とみなした場合における当該事業年度を含む。以下この号において「調整対象年度」という。）については、当該各調整対象年度ごとに当該合併法人の当該各調整対象年度に係る教育訓練費の額に当該各調整対象年度に含まれる月の当該合併に係る被合併法人の月別教育訓練費の額を合計した金額に当該合併の日から当該適用年度終了の日までの期間の月数を乗じてこれを当該適用年度の月数で除して計算した金額を加算する。

二　基準日から適用年度開始の日の前日までの期間内において行われた合併に係る合併法人　当該合併法人の基準日から当該合併の日の前日までの期間内の日を含む各事業年度（当該合併法人が未経過法人に該当する場合には、基準日から当該合併法人の設立の日の前日までの期間を当該合併法人の事業年度とみなした場合における当該事業年度を含む。以下この号において「調整対象年度」という。）については、当該各調整対象年度ごとに当該合併法人の当該各調整対象年度に係る教育訓練費の額に当該各調整対象年度に含まれる月の当該合併に係る被合併法人の月別教育訓練費の額を合計した金額を加算する。

13　前項に規定する月別教育訓練費の額とは、その合併に係る被合併法人の各事業年度に係る教育訓練費の額をそれぞれ当該各事業年度の月数で除して計算した金額を当該各事業年度に含まれる月に係るものとみなしたものをい

う。

14　法第四十二条の十二の五第一項又は第二項の規定の適用を受けようとする
　　法人が分割法人等（分割法人、現物出資法人又は現物分配法人をいう。以下
　　この条において同じ。）又は分割承継法人等（分割承継法人、被現物出資法
　　人又は被現物分配法人をいう。以下この条において同じ。）に該当する場合（分
　　割法人等にあつては第一号イ又はロに掲げる法人に該当する場合に、分割承
　　継法人等にあつては第二号イ又はロに掲げる法人に該当する場合に、それぞ
　　れ限る。）の適用年度の当該法人の比較教育訓練費の額の計算における法第
　　四十二条の十二の五第三項第八号の教育訓練費の額については、当該法人の
　　次の各号に規定する調整対象年度に係る教育訓練費の額（法人の事業年度の
　　所得の金額の計算上損金の額に算入される同条第一項第二号に規定する教育
　　訓練費の額をいう。第十九項及び第二十項を除き、以下この条において同じ。）
　　は、当該各号に掲げる法人の区分に応じ当該各号に定めるところによる。
　一　分割法人等　当該分割法人等のイ及びロに規定する各調整対象年度ごと
　　　に当該分割法人等の当該各調整対象年度に係る教育訓練費の額から次に掲
　　　げる分割法人等の区分に応じそれぞれ次に定める金額を控除する。
　　　イ　適用年度において行われた分割等（分割、現物出資又は法人税法第二
　　　　条第十二号の五の二に規定する現物分配（以下この条において「現物分
　　　　配」という。）をいう。以下この条において同じ。）に係る分割法人等当
　　　　該分割法人等の基準日から当該適用年度開始の日の前日までの期間内の
　　　　日を含む各事業年度（イにおいて「調整対象年度」という。）については、
　　　　当該分割法人等の当該各調整対象年度に係る移転教育訓練費の額に当該
　　　　分割等の日から当該適用年度終了の日までの期間の月数を乗じてこれを
　　　　当該適用年度の月数で除して計算した金額
　　　ロ　基準日から適用年度開始の日の前日までの期間内において行われた分
　　　　割等に係る分割法人等　当該分割法人等の基準日から当該分割等の日の
　　　　前日までの期間内の日を含む各事業年度（ロにおいて「調整対象年度」
　　　　という。）については、当該分割法人等の当該各調整対象年度に係る移
　　　　転教育訓練費の額
　二　分割承継法人等　当該分割承継法人等のイ及びロに規定する各調整対象
　　　年度ごとに当該分割承継法人等の当該各調整対象年度に係る教育訓練費の

162

額に次に掲げる分割承継法人等の区分に応じそれぞれ次に定める金額を加算する。

イ　適用年度において行われた分割等（残余財産の全部の分配に該当する現物分配にあつては、当該適用年度開始の日の前日から当該適用年度終了の日の前日までの期間内においてその残余財産が確定したもの）に係る分割承継法人等　当該分割承継法人等の基準日から当該適用年度開始の日の前日までの期間内の日を含む各事業年度（当該分割承継法人等が未経過法人に該当する場合には、基準日から当該分割承継法人等の設立の日の前日までの期間を当該分割承継法人等の事業年度とみなした場合における当該事業年度を含む。イにおいて「調整対象年度」という。）については、当該分割承継法人等の当該各調整対象年度ごとに当該各調整対象年度に含まれる月の当該分割等に係る分割法人等の月別移転教育訓練費の額を合計した金額に当該分割等の日（残余財産の全部の分配に該当する現物分配にあつては、その残余財産の確定の日の翌日）から当該適用年度終了の日までの期間の月数を乗じてこれを当該適用年度の月数で除して計算した金額

ロ　基準日から適用年度開始の日の前日までの期間内において行われた分割等（残余財産の全部の分配に該当する現物分配にあつては、基準日の前日から当該適用年度開始の日の前日を含む事業年度終了の日の前日までの期間内においてその残余財産が確定したもの）に係る分割承継法人等　当該分割承継法人等の基準日から当該分割等の日の前日（残余財産の全部の分配に該当する現物分配にあつては、その残余財産の確定の日）までの期間内の日を含む各事業年度（当該分割承継法人等が未経過法人に該当する場合には、基準日から当該分割承継法人等の設立の日の前日までの期間を当該分割承継法人等の事業年度とみなした場合における当該事業年度を含む。ロにおいて「調整対象年度」という。）については、当該分割承継法人等の当該各調整対象年度ごとに当該各調整対象年度に含まれる月の当該分割等に係る分割法人等の月別移転教育訓練費の額を合計した金額

15　前項第二号に規定する月別移転教育訓練費の額とは、その分割等に係る分割法人等の当該分割等の日（残余財産の全部の分配に該当する現物分配にあ

つては、その残余財産の確定の日の翌日。以下この項及び次項において同じ。）
前に開始した各事業年度に係る移転教育訓練費の額をそれぞれ当該各事業年
度の月数（分割等の日を含む事業年度（以下この項及び次項において「分割
等事業年度」という。）にあつては、当該分割等事業年度開始の日から当該
分割等の日の前日までの期間の月数）で除して計算した金額を当該各事業年
度に含まれる月（分割等事業年度にあつては、当該分割等事業年度開始の日
から当該分割等の日の前日までの期間に含まれる月）に係るものとみなした
ものをいう。

16　前二項に規定する移転教育訓練費の額とは、その分割等に係る分割法人等
の当該分割等の日前に開始した各事業年度に係る教育訓練費の額（分割等事
業年度にあつては、当該分割等の日の前日を当該分割等事業年度終了の日と
した場合に損金の額に算入される教育訓練費の額）に当該分割等の直後の
当該分割等に係る分割承継法人等の国内雇用者（当該分割等の直前において
当該分割法人等の国内雇用者であつた者に限る。）の数を乗じてこれを当該
分割等の直前の当該分割法人等の国内雇用者の数で除して計算した金額をい
う。

17　第十二項及び第十四項に規定する基準日とは、次に掲げる日のうちいずれ
か早い日をいう。

一　法第四十二条の十二の五第一項又は第二項の規定の適用を受けようとす
る法人（以下この号において「適用法人」という。）が未経過法人に該当し、
かつ、当該適用法人がその設立の日から適用年度開始の日の前日までの期
間内に行われた合併又は分割等（残余財産の全部の分配に該当する現物分
配にあつては当該設立の日から当該適用年度開始の日の前日を含む事業
年度終了の日の前日までの期間内においてその残余財産が確定したものと
し、その分割等に係る移転給与等支給額（給与等支給額を教育訓練費の額
とみなした場合における前項に規定する移転教育訓練費の額をいう。）が
零である場合における当該分割等を除く。以下この号及び第十九項第一号
イにおいて同じ。）に係る合併法人又は分割承継法人等に該当する場合（当
該設立の日から当該合併又は分割等の日の前日（残余財産の全部の分配に
該当する現物分配にあつては、その残余財産の確定の日。第十九項第一号
イにおいて同じ。）までの期間に係る給与等支給額が零である場合に限る。）

における当該合併又は分割等に係る被合併法人又は分割法人等の当該適用年度開始の日前一年以内に開始した各事業年度のうち最も古い事業年度開始の日

二　適用年度開始の日前一年以内に開始した各事業年度のうち最も古い事業年度開始の日

18　法第四十二条の十二の五第三項第十号に規定する政令で定めるところにより計算した金額は、次の各号に掲げる場合の区分に応じ当該各号に定める金額とする。

　一　法第四十二条の十二の五第三項第十号の前事業年度の月数が同号の適用年度の月数を超える場合　当該前事業年度に係る給与等支給額に当該適用年度の月数を乗じてこれを当該前事業年度の月数で除して計算した金額

　二　法第四十二条の十二の五第三項第十号の前事業年度の月数が同号の適用年度の月数に満たない場合　次に掲げる場合の区分に応じそれぞれ次に定める金額

　　イ　当該前事業年度が六月に満たない場合　当該適用年度開始の日前一年（当該適用年度が一年に満たない場合には、当該適用年度の期間）以内に終了した各事業年度（イにおいて「前一年事業年度」という。）に係る給与等支給額の合計額に当該適用年度の月数を乗じてこれを前一年事業年度の月数の合計数で除して計算した金額

　　ロ　当該前事業年度が六月以上である場合　当該前事業年度に係る給与等支給額に当該適用年度の月数を乗じてこれを当該前事業年度の月数で除して計算した金額

19　法第四十二条の十二の五第一項又は第二項の規定の適用を受けようとする法人（以下この項及び次項において「適用法人」という。）が給与等基準日（次の各号に掲げる場合の区分に応じ当該各号に定める日をいう。以下この項及び次項において同じ。）から同条第一項又は第二項の規定の適用を受けようとする事業年度（以下この項及び次項において「適用年度」という。）終了の日までの期間内において行われた合併に係る合併法人に該当する場合の当該適用法人の当該適用年度における比較雇用者給与等支給額（同条第三項第十号に規定する比較雇用者給与等支給額をいう。次項において同じ。）の計算における同号の給与等の支給額（当該適用年度の月数と当該適用年度開始

の日の前日を含む事業年度（以下この項及び次項において「前事業年度」という。）の月数とが異なる場合には、前項第一号又は第二号イ若しくはロの給与等支給額）については、給与等基準日を第十二項各号の基準日と、給与等未経過法人（当該適用年度開始の日においてその設立の日の翌日以後一年（当該適用年度が一年に満たない場合には、当該適用年度の期間。第一号において同じ。）を経過していない法人をいう。第一号イ及び次項において同じ。）を第十二項各号の未経過法人と、給与等支給額（法人の事業年度の所得の金額の計算上損金の額に算入される国内雇用者に対する給与等の支給額をいう。第一号イにおいて同じ。）を同項の教育訓練費の額と、それぞれみなした場合における同項各号に掲げる法人の区分に応じ当該各号に定めるところによる。

一　前事業年度の月数が適用年度の月数に満たない場合で、かつ、当該前事業年度が六月に満たない場合　次に掲げる日のうちいずれか早い日

　　イ　当該適用法人が給与等未経過法人に該当し、かつ、当該適用法人がその設立の日から当該適用年度開始の日の前日までの期間内に行われた合併又は分割等に係る合併法人又は分割承継法人等に該当する場合（当該設立の日から当該合併又は分割等の日の前日までの期間に係る給与等支給額が零である場合に限る。）における当該合併又は分割等に係る被合併法人又は分割法人等の当該適用年度開始の日前一年以内の日を含む各事業年度（当該被合併法人又は分割法人等の設立の日以後に終了した事業年度に限る。）のうち最も古い事業年度開始の日

　　ロ　当該適用年度開始の日前一年以内に終了した各事業年度（設立の日以後に終了した事業年度に限る。）のうち最も古い事業年度開始の日

二　前号に掲げる場合以外の場合　前事業年度開始の日

20　適用法人が給与等基準日から適用年度終了の日までの期間内において行われた分割等に係る分割法人等又は適用年度において行われた分割等（残余財産の全部の分配に該当する現物分配にあつては、当該適用年度開始の日の前日から当該適用年度終了の日の前日までの期間内においてその残余財産が確定したもの）に係る分割承継法人等若しくは給与等基準日から適用年度開始の日の前日までの期間内において行われた分割等（残余財産の全部の分配に該当する現物分配にあつては、給与等基準日の前日から当該適用年度開始の

日の前日を含む事業年度終了の日の前日までの期間内においてその残余財産が確定したもの）に係る分割承継法人等に該当する場合の当該適用法人の当該適用年度における比較雇用者給与等支給額の計算における法第四十二条の十二の五第三項第十号の給与等の支給額（当該適用年度の月数と前事業年度の月数とが異なる場合には、第十八項第一号又は第二号イ若しくはロの給与等支給額）については、給与等基準日を第十四項各号の基準日と、給与等未経過法人を同項第二号の未経過法人と、給与等支給額（法人の事業年度の所得の金額の計算上損金の額に算入される国内雇用者に対する給与等の支給額をいう。）を同項の教育訓練費の額と、それぞれみなした場合における同項各号に掲げる法人の区分に応じ当該各号に定めるところによる。

21 法第四十二条の十二の五第一項又は第二項の規定の適用を受けようとする法人が次の各号に掲げる場合に該当する場合において、当該各号に定める金額の計算の基礎となる給与等に充てるための同条第三項第六号イに規定する雇用安定助成金額があるときは、同号ロに掲げる金額は、当該各号に定める金額から当該雇用安定助成金額を控除して計算した同項第十号に規定する比較雇用者給与等支給額とする。

一 法第四十二条の十二の五第三項第十号の前事業年度の月数と同号の適用年度の月数とが異なる場合 第十八項第一号又は第二号イ若しくはロの給与等支給額

二 前二項の規定によりみなされた第十二項又は第十四項の規定の適用を受ける場合 第十七項第一号又は前二項の給与等支給額

22 第七項、第九項、第十二項から第十五項まで及び第十八項から前項までの月数は、暦に従つて計算し、一月に満たない端数を生じたときは、これを一月とする。

23 法第四十二条の十二の五第一項の規定の適用を受けようとする法人のその適用を受けようとする事業年度に係る同条第三項第五号に規定する継続雇用者比較給与等支給額が零である場合には、同条第一項に規定する継続雇用者給与等支給増加割合が百分の三以上であるときに該当しないものとする。

24 法第四十二条の十二の五第二項の規定の適用を受けようとする同項に規定する中小企業者等のその適用を受けようとする事業年度に係る同条第三項第十号に規定する比較雇用者給与等支給額が零である場合には、同条第二項に

規定する雇用者給与等支給増加割合が百分の一・五以上であるときに該当しないものとする。

25　法第四十二条の十二の五第一項又は第二項の規定の適用を受けようとする法人のその適用を受けようとする事業年度に係る同条第三項第八号に規定する比較教育訓練費の額が零である場合における同条第一項又は第二項の規定の適用については、次の各号に掲げる場合の区分に応じ当該各号に定めるところによる。

　一　当該事業年度に係る教育訓練費の額が零である場合　法第四十二条の十二の五第一項第二号及び第二項第二号に掲げる要件を満たさないものとする。

　二　前号に掲げる場合以外の場合　法第四十二条の十二の五第一項第二号及び第二項第二号に掲げる要件を満たすものとする。

26　厚生労働大臣、経済産業大臣及び国土交通大臣は、第一項の規定により事項を定めたときは、これを告示する。

租税特別措置法施行規則

（給与等の支給額が増加した場合の法人税額の特別控除）

第二十条の十　施行令第二十七条の十二の五第七項に規定する財務省令で定める者は、当該法人の就業規則において同項に規定する継続雇用制度を導入している旨の記載があり、かつ、次に掲げる書類のいずれかにその者が当該継続雇用制度に基づき雇用されている者である旨の記載がある場合のその者とする。

一　雇用契約書その他これに類する雇用関係を証する書類

二　施行令第二十七条の十二の五第六項に規定する賃金台帳

2　施行令第二十七条の十二の五第十項第一号イに規定する財務省令で定める費用は、同号に規定する教育訓練等（以下この条において「教育訓練等」という。）のために同号イに規定する講師又は指導者（以下この項において「講師等」という。）に対して支払う報酬、料金、謝金その他これらに類するもの及び講師等の旅費（教育訓練等を行うために要するものに限る。）のうち当該法人が負担するもの並びに教育訓練等に関する計画又は内容の作成について当該教育訓練等に関する専門的知識を有する者（当該法人の役員（法第四十二条の十二の五第三項第二号に規定する役員をいう。）又は使用人である者を除く。）に委託している場合の当該専門的知識を有する者に対して支払う委託費その他これに類するものとする。

3　施行令第二十七条の十二の五第十項第一号ロに規定する財務省令で定める費用は、コンテンツ（文字、図形、色彩、音声、動作若しくは映像又はこれらを組み合わせたものをいう。以下この項において同じ。）の使用料（コンテンツの取得に要する費用に該当するものを除く。）とする。

4　施行令第二十七条の十二の五第十項第三号に規定する財務省令で定める費用は、授業料、受講料、受験手数料その他の同号の他の者が行う教育訓練等に対する対価として支払うものとする。

5　施行令第二十七条の十二の五第十一項に規定する財務省令で定める書類は、法第四十二条の十二の五第一項又は第二項の規定の適用を受けようとする事業年度の所得の金額の計算上損金の額に算入される同条第一項第二号に規定する教育訓練費の額及び当該事業年度における同条第三項第八号に規定

する比較教育訓練費の額に関する次に掲げる事項を記載した書類とする。

一　施行令第二十七条の十二の五第十項各号に定める費用に係る教育訓練等
　の実施時期

二　当該教育訓練等の内容

三　当該教育訓練等の対象となる法第四十二条の十二の五第三項第二号に規
　定する国内雇用者の氏名

四　その費用を支出した年月日、内容及び金額並びに相手先の氏名又は名称

著者紹介

安井　和彦 （やすい・かずひこ）

税理士。昭和28年東京生まれ。東京国税局査察部。東京国税局調査部。東京国税局課税第一部国税訟務官室。税務大学校教授。東京国税不服審判所、国税副審判官、国税審判官、総括審判官、横浜支所長。平成26年3月退職。税理士開業。東京税理士会会員相談室相談委員。東京地方税理士会税法研究所研究員。日本税務会計学会委員。東京税理士会豊島支部会員相談室相談員。主な著書に『法人税&所得税まるごと解説!　賃上げ促進税制の手引き』（税務経理協会、2022年2月）、他。

図解　令和4年度
賃上げ促進税制の活用ポイント

令和4年8月18日　第1刷発行

著　者　安井　和彦

発　行　株式会社ぎょうせい

〒136-8575　東京都江東区新木場1-18-11
URL：https://gyosei.jp

フリーコール　0120-953-431

ぎょうせい　お問い合わせ　検索　https://gyosei.jp/inquiry/

〈検印省略〉

印刷　ぎょうせいデジタル㈱　　　　　　　　　　　　©2022　Printed in Japan
※乱丁・落丁本はお取り替えいたします
ISBN978-4-324-11190-1
（5108820-00-000）
〔略号：賃上げ促進税制〕